Gorki | Sommergäste

Maxim Gorki

Sommergäste

Szenen

Übersetzung und Nachwort
von Helene Imendörffer

Reclam

Russischer Originaltitel: *Dačniki*

RECLAMS UNIVERSAL-BIBLIOTHEK Nr. 14559
1975, 2024 Philipp Reclam jun. Verlag GmbH,
Siemensstraße 32, 71254 Ditzingen

Die Aufführungs- und Senderechte für Bühne,
Hörfunk und Fernsehen vergibt der Steyer Verlag,
Klopstockstraße 6/1203, 80804 München

Gestaltung: Cornelia Feyll, Friedrich Forssman
Druck und Bindung: Esser printSolutions GmbH,
Untere Sonnenstraße 5, 84030 Ergolding
Printed in Germany 2024

ISBN 978-3-15-014559-3

Auch als E-Book erhältlich

www.reclam.de

Sommergäste

Personen

BASSOW, SERGEJ WASSILJEWITSCH, Rechtsanwalt, etwa 40 Jahre
WARWARA MICHAILOWNA, seine Frau, 27 Jahre
KALERIA, Bassows Schwester, 29 Jahre
WLAS, der Bruder von Bassows Frau, 25 Jahre
SUSLOW, PJOTR IWANOWITSCH, Ingenieur, 42 Jahre
JULIA FILIPPOWNA, seine Frau, 30 Jahre
DUDAKOW, KIRILL AKIMOWITSCH, Arzt, 40 Jahre
OLGA ALEXEJEWNA, seine Frau, 35 Jahre
SCHALIMOW, JAKOW PETROWITSCH, Literat, an die 40 Jahre
RJUMIN, PAWEL SERGEJEWITSCH, 32 Jahre
MARJA LWOWNA, Ärztin, 37 Jahre
SONJA, ihre Tochter, 18 Jahre
DWOJETOTSCHIJE, SEMJON SEMJONOWITSCH, Suslows Onkel, 55 Jahre
SAMYSLOW, NIKOLAI PETROWITSCH, Bassows Gehilfe, 28 Jahre
SIMIN, Student, 23 Jahre
PUSTOBAIKA, Sommerhauswächter, 50 Jahre
KROPILKIN, Wächter
SASCHA, Stubenmädchen der Bassows
EINE FRAU MIT VERBUNDENER WANGE

<table>
<tr><td>HERR SEMJONOW</td><td rowspan="7">Liebhaber der dramatischen Kunst</td></tr>
<tr><td>EINE DAME IM GELBEN KLEID</td></tr>
<tr><td>EIN JUNGER MANN IM KARIERTEN ANZUG</td></tr>
<tr><td>EIN FRÄULEIN IN HELLBLAU</td></tr>
<tr><td>EIN FRÄULEIN IN ROSA</td></tr>
<tr><td>EIN FÄHNRICH</td></tr>
<tr><td>EIN HERR MIT ZYLINDER</td></tr>
</table>

Erster Akt

Sommerhaus der Bassows. Ein großer Raum, Wohn- und Speisezimmer in einem. In der Wand im Hintergrunde links eine offene Tür zu Bassows Arbeitszimmer, rechts eine Tür zum Zimmer seiner Frau. Diese beiden Zimmer sind durch einen Korridor getrennt, dessen Eingang mit einer dunklen Portiere verhängt ist. In der rechten Wand ein Fenster und eine breite Tür zur Terrasse, in der linken zwei Fenster. In der Mitte des Zimmers ein großer Esstisch, gegenüber der Tür zum Arbeitszimmer ein Flügel. Korbmöbel, sommerhausmäßig, nur neben der Tür zum Gang ein breites, mit einem grauen Schonbezug bedecktes Sofa. Es ist Abend. Bassow sitzt am Schreibtisch in seinem Arbeitszimmer; vor ihm eine Bürolampe mit grünem Schirm. Er schreibt, mit der Seite zur Tür sitzend, wendet ab und zu den Kopf, späht nach irgendetwas im Halbdunkel des großen Zimmers und summt gelegentlich vor sich hin. Warwara Michailowna kommt lautlos aus ihrem Zimmer, zündet ein Streichholz an, hält es sich vor das Gesicht und blickt sich um. Das Flämmchen erlischt. Sie bewegt sich leise auf das Fenster zu und stößt im Dunkeln an einen Stuhl.

BASSOW. Wer ist da?

WARWARA MICHAILOWNA. Ich.

BASSOW. Ach so …

WARWARA MICHAILOWNA. Hast du die Kerze fortgenommen?

BASSOW. Nein.

WARWARA MICHAILOWNA. Klingle nach Sascha!

BASSOW. Ist Wlas schon wieder da?

WARWARA MICHAILOWNA *(an der Tür zur Terrasse).* Ich weiß es nicht …

BASSOW. Ein blödsinniges Sommerhaus! Elektrische Klingelleitungen, aber überall Ritzen … der Fußboden knarrt … *(Er summt etwas Lustiges vor sich hin.)* Warja, bist du schon weg?

WARWARA MICHAILOWNA. Ich bin hier …

BASSOW *(ordnet die Papiere und legt sie zusammen).* Zieht es in deinem Zimmer?

WARWARA MICHAILOWNA. Ja …

BASSOW. Da siehst du's!

(Sascha tritt ein.)

WARWARA MICHAILOWNA. Bringen Sie die Lampe, Sascha!

BASSOW. Sascha, ist Wlas Michailowitsch schon zurück?

SASCHA. Nein, noch nicht.

(Sascha geht und kommt mit einer Lampe zurück. Sie stellt sie auf den Tisch neben einen Sessel. Sie wischt den Aschenbecher aus und glättet das Tischtuch auf dem Esstisch. Warwara Michailowna lässt den Store herunter, nimmt ein Buch vom Wandbrett und setzt sich in den Sessel.)

BASSOW *(gutmütig).* Dieser Wlas ist unpünktlich geworden … und faul … überhaupt führt er sich in letzter Zeit … irgendwie seltsam auf. Das ist ein Faktum.

WARWARA MICHAILOWNA. Möchtest du Tee?

BASSOW. Nein, ich gehe zu den Suslows.

WARWARA MICHAILOWNA. Sascha, gehen Sie zu Olga Alexejewna … fragen Sie sie, ob sie nicht zum Tee zu mir kommt …

(Sascha geht.)

BASSOW *(die Papiere im Schreibtisch einschließend)*. So, nun ist das auch fertig! *(Er tritt aus seinem Arbeitszimmer und streckt sich.)* Warja, du solltest ihm sagen … natürlich in schonender Form …

WARWARA MICHAILOWNA. Was soll ich ihm sagen?

BASSOW. Nun, dass er … seinen Pflichten aufmerksamer nachkommen könnte … Ja?

WARWARA MICHAILOWNA. Ich werde es sagen. Nur scheint mir, du solltest nicht in Saschas Gegenwart in diesem Ton von ihm sprechen …

BASSOW *(der sich im Zimmer umblickt)*. Ach was! Vor den Dienstboten lässt sich ja doch nichts verbergen … Wie leer es bei uns ist! Warja, man müsste diese kahlen Wände irgendwie verdecken … mit irgendwelchen Rähmchen … Bildchen … Schau dir an, wie ungemütlich es bei uns ist! Nun, ich gehe. Gib mir dein Pfötchen! Wie kalt, wie wortkarg du zu mir bist! Warum nur? Auch dein Gesicht ist so traurig. Weshalb? Sage es mir!

WARWARA MICHAILOWNA. Hast du es sehr eilig, zu Suslow zu kommen?

BASSOW. Ja, ich muss gehen. Ich habe schon so lange nicht mehr Schach mit ihm gespielt … und dir schon lange nicht mehr das Pfötchen geküsst … wieso eigentlich? Seltsam!

WARWARA MICHAILOWNA *(ein Lächeln verbergend)*. Dann verschieben wir also die Unterhaltung über meine Stimmung bis … du mehr Zeit hast … Es ist ja wohl nicht so wichtig?

BASSOW *(in beschwichtigendem Ton)*. Aber nein, natürlich nicht … Ich habe es nur nebenbei bemerkt … was soll schon sein? Du bist eine liebenswerte Frau … bist klug und aufrichtig ... und alles andere. Wenn du etwas gegen mich hättest, würdest du es mir sagen ... Aber wieso hast du so glänzende Augen? Bist du nicht ganz gesund?

WARWARA MICHAILOWNA. Nein, mir fehlt nichts.

BASSOW. Weißt du ... du müsstest dich mit irgendetwas beschäftigen, meine liebe Warja! Du liest in einem fort ... du liest sehr viel! ... Und alle Übertreibung ist schließlich schädlich. Das ist ein Faktum!

WARWARA MICHAILOWNA. Denk an dieses Faktum, wenn du bei Suslow Rotwein trinkst ...

BASSOW *(lachend)*. Das war boshaft! Aber weißt du, alle diese überspannten modernen Bücher sind schädlicher als der Wein, wahrhaftig! In ihnen ist irgendetwas Narkotisierendes ... Und verfasst werden sie von irgendwelchen nervlich zerrütteten Herrschaften. *(Er gähnt.)* Da wird sich bald ein Schriftsteller bei uns einfinden, ein »lebendiger«, wie die Kinder sagen ... Ich bin neugierig, wie er sich entwickelt hat ... vermutlich ein bisschen eingebildet geworden ... All diese Leute, die in der Öffentlichkeit stehen, sind krankhaft ehrgeizig ... überhaupt ein unnormales Völkchen. Auch Kaleria ist nicht normal, obwohl sie ... was ist sie, strenggenommen, schon für eine Schriftstellerin? ... Sie wird sich freuen, Schalimow zu begegnen. Sie sollte ihn heiraten, im Ernst! Nur ist sie ein bisschen alt ... Hm, ja ... ein bisschen zu alt ... und jammert in einem fort, als hätte sie chronische Zahnschmerzen ... auch ist sie nicht gerade eine Schönheit ...

WARWARA MICHAILOWNA. Wie viel Überflüssiges du redest, Sergej!

BASSOW. Wirklich? Nun, macht nichts, wir sind ja unter

uns ... Ja, ich schwatze gern ... *(Man hört einen trockenen Husten hinter der Portiere.)* Wer ist da?

SUSLOW *(hinter der Portiere hervor)*. Ich.

BASSOW *(auf ihn zugehend)*. Und ich wollte gerade zu dir!

SUSLOW *(der schweigend Warwara Michailowna begrüßt hat)*. Gehen wir! Ich komme, um dich abzuholen. Warst du heute in der Stadt?

BASSOW. Nein. Wieso?

SUSLOW *(mit schiefem Lächeln)*. Man sagt, dein Gehilfe habe im Klub zweitausend Rubel gewonnen ...

BASSOW. Oho!

SUSLOW. Bei einem stark angetrunkenen Kaufmann ...

WARWARA MICHAILOWNA. Wie Sie immer reden ...

SUSLOW. Wie denn?

WARWARA MICHAILOWNA. Nun ... Sie sagen, er hat gewonnen, und unterstreichen – bei einem Betrunkenen.

SUSLOW *(mit spöttischem Lächeln)*. Ich unterstreiche es nicht.

BASSOW. Was ist denn so Besonderes dabei? Ja, wenn er gesagt hätte, Samyslow hat den Kaufmann betrunken gemacht, um bei ihm Geld zu gewinnen, dann wäre das in der Tat schlechter Stil! ... Gehen wir, Pjotr ... Warja, wenn Wlas zurückkommt ... Aha, da ist er ja!

WLAS *(tritt ein, eine alte Aktentasche in der Hand)*. Sie hatten Sehnsucht nach mir, mein Prinzipal? Angenehm, das zu wissen! *(Zu Suslow, blödelnd und gleichsam drohend.)* Sie sucht irgend so ein Mensch, der offenbar soeben eingetroffen ist. Er geht zu Fuß von einem Sommerhaus zum anderen und fragt lautstark bei allen, wo Sie wohnen ... *(Geht auf die Schwester zu.)* Guten Tag, Warja!

WARWARA MICHAILOWNA. Guten Tag!

SUSLOW. Hol 's der Teufel! Vermutlich ist das mein Onkel …

BASSOW. Dann passt es jetzt wohl nicht, wenn wir zu dir hinübergehen?

SUSLOW. Ich bitte dich! Glaubst du vielleicht, es ist für mich so angenehm, mit diesem Onkel, den ich kaum kenne, allein zu sein? Ich habe ihn seit rund zehn Jahren nicht mehr gesehen.

BASSOW *(zu Wlas)*. Bitte auf einen Augenblick zu mir … *(Er geht mit ihm in sein Arbeitszimmer.)*

SUSLOW *(der sich eine Zigarette ansteckt)*. Hätten Sie nicht Lust, zu uns herüberzukommen, Warwara Michailowna?

WARWARA MICHAILOWNA. Danke, nein … Ist Ihr Onkel arm?

SUSLOW. Nein, reich. Sehr reich. Meinen Sie, ich kann nur die armen Verwandten nicht leiden?

WARWARA MICHAILOWNA. Ich weiß nicht …

SUSLOW *(mit gehässigem Hüsteln)*. Aber dieser Ihr Samyslow wird Sergej eines unschönen Tages kompromittieren, Sie werden sehen! Er ist ein Filou! Oder sind Sie anderer Meinung?

WARWARA MICHAILOWNA *(ruhig)*. Ich möchte mit Ihnen nicht über ihn sprechen.

SUSLOW. Also gut … Ihr Wille geschehe! *(Nach einem Schweigen.)* Sie streichen Ihre Offenheit ein wenig zu sehr heraus … Passen Sie auf, die Rolle eines offenherzigen Menschen ist schwer … um sie einigermaßen gut zu spielen, muss man viel Charakter, viel Mut und Verstand besitzen … Sie sind doch nicht gekränkt?

WARWARA MICHAILOWNA. Nein.

SUSLOW. Sie möchten aber auch nicht mit mir darüber streiten? Oder geben Sie mir im Inneren recht?

WARWARA MICHAILOWNA *(einfach)*. Ich kann nicht streiten … ich kann nicht sprechen …

SUSLOW *(finster)*. Seien Sie mir nicht böse! Es fällt mir schwer, die Existenz eines Menschen für möglich zu halten, der es wagt, er selbst zu sein.

SASCHA *(tritt ein)*. Olga Alexejewna lässt sagen, sie komme gleich. Soll ich den Tee zubereiten?

WARWARA MICHAILOWNA. Ja, bitte!

SASCHA. Nikolai Petrowitsch kommt. *(Ab.)*

SUSLOW *(auf die Tür des Arbeitszimmers zugehend)*. Sergej, bist du bald fertig? Ich gehe …

BASSOW. Gleich, ich komme sofort!

SAMYSLOW *(tritt ein)*. Meinen Gruß, Prinzipalin! Guten Tag, Pjotr Iwanowitsch!

SUSLOW *(hüstelnd)*. Habe die Ehre! Sie flattern herein … wie so ein Schmetterling …

SAMYSLOW. Bin eben ein Leichtgewicht! Leicht im Herzen, leicht in der Tasche, leicht im Kopf!

SUSLOW *(ironisch, ein wenig grob)*. Was die Leichtigkeit im Herzen und Kopf betrifft, will ich mit Ihnen nicht streiten, wohl aber hinsichtlich der in der Tasche – es heißt, Sie haben im Klub jemanden ausgenommen …

SAMYSLOW *(weich)*. Wenn man von mir spricht, sollte man sagen, Sie haben gewonnen. Von Ausnehmen spricht man bei einem Falschspieler.

WARWARA MICHAILOWNA. Von Ihnen hört man immer etwas Sensationelles. Man sagt, das ist das Los außergewöhnlicher Menschen.

SAMYSLOW. Jedenfalls komme ich selbst, wenn ich den

Klatsch über mich höre, mehr und mehr zu der Überzeugung, dass ich kein Dutzendmensch bin. Gewonnen aber habe ich leider nicht viel – ganze zweiundvierzig Rubel. *(Suslow geht, trocken hüstelnd, nach links und blickt aus dem Fenster.)*

BASSOW *(eintretend)*. Mehr nicht? Und ich habe schon von Champagner geträumt … Nun, haben Sie mir etwas mitzuteilen? Ich bin in Eile …

SAMYSLOW. Sie gehen fort? Dann berichte ich Ihnen später, es eilt nicht. Warwara Michailowna, wie schade, dass Sie nicht bei der Aufführung waren! Julia Filippowna hat entzückend gespielt … herrlich!

WARWARA MICHAILOWNA. Ja, ihre ganze Art zu spielen gefällt mir.

SAMYSLOW *(begeistert)*. Sie ist ein Talent! Hacken Sie mir den Kopf ab, wenn das nicht stimmt!

SUSLOW *(spöttisch lächelnd)*. Und wenn wir ihn nun abhacken müssen? Ganz ohne Kopf zu sein, ist immerhin ein bisschen peinlich … Los, Sergej, gehen wir! Auf Wiedersehen, Warwara Michailowna! Habe die Ehre! *(Er verneigt sich vor Samyslow.)*

BASSOW *(der einen Blick in sein Arbeitszimmer wirft, wo Wlas die Papiere ordnet)*. Sie schreiben mir also alles bis morgen früh um neun ins Reine. Kann ich darauf hoffen?

WLAS. Hoffen Sie … Und möge Ihnen eine schlaflose Nacht beschieden sein, verehrter Prinzipal …

(Suslow und Bassow gehen ab.)

SAMYSLOW. Auch ich werde gehen … Ihre Hand, Prinzipalin!

WARWARA MICHAILOWNA. Bleiben Sie doch zum Tee!

SAMYSLOW. Wenn Sie erlauben, komme ich ein bisschen

später! … Im Augenblick kann ich nicht. *(Er geht rasch hinaus.)*

WLAS *(aus dem Arbeitszimmer kommend).* Warja! Wird in diesem Hause denn kein Tee getrunken?

WARWARA MICHAILOWNA. Ruf nach Sascha! *(Sie legt ihm die Hände auf die Schultern.)* Warum bist du so zerquält?

WLAS *(reibt die Wange an ihrer Hand).* Ich bin müde. Von zehn bis drei habe ich im Gericht gesessen … Von drei bis sieben bin ich in der Stadt herumgelaufen … liebe Sascha! … Ich hatte nicht einmal Zeit zum Mittagessen.

WARWARA MICHAILOWNA. Ein Schriftführer … das ist unter deiner Würde, Wlas!

WLAS *(albernd).* Man muss zu den Höhen streben und so weiter … ich weiß. Aber Warja, da ich die Beispiele liebe, nehme ich den Schornsteinfeger auf dem Dach: Der hat natürlich eine Höhe erklommen wie kein anderer … Aber ist er damit über sich selbst hinausgewachsen?

WARWARA MICHAILOWNA. Red keine Dummheiten! Warum suchst du dir keine andere Arbeit … eine nützlichere, bedeutendere?

WLAS *(mit komischer Entrüstung).* Gnädige Frau! Ich nehme, wenn auch nur indirekt, mit Feuereifer an der Verteidigung und Beschützung der geheiligten Institution des Eigentums teil – und das nennen Sie eine nutzlose Arbeit! Welche Verworfenheit des Gedankens!

WARWARA MICHAILOWNA. Du willst also nicht ernst mit mir reden?

(Sascha tritt ein.)

WLAS *(zu Sascha).* Verehrteste! Seien Sie hochherzig, geben Sie mir Tee und irgendetwas zu essen!

SASCHA. Ich trage gleich etwas auf. Möchten Sie Koteletts?

WLAS. Ja, Koteletts und alles Weitere, was Ähnlichkeit damit hat! Ich warte!

(Sascha geht ab.)

WLAS *(legt seiner Schwester den Arm um die Taille und geht mit ihr im Zimmer auf und ab).* Nun, was ist mit dir?

WARWARA MICHAILOWNA. Ich bin aus irgendeinem Grunde traurig, Wlassik! Weißt du … man hat manchmal, ohne an etwas Bestimmtes zu denken, plötzlich das Gefühl, eine Gefangene zu sein … Alles erscheint einem fremd, insgeheim sogar feindlich … alles ist so sinnlos, so überflüssig … Und alle nehmen das Leben irgendwie nicht ernst … Auch du … du spaßt nur … machst Scherze …

WLAS *(sich in komischer Positur vor ihr aufstellend).*

Mach keinen Vorwurf mir, mein Freund,
Dass ich oft heitre Scherze treibe:
Mit diesen Scherzen ist gemeint,
Dass ich mein Leiden dir verschweige …

Das sind Verse eigener Fabrikation und bedeutend besser als die Kalerias. Doch ich verzichte darauf, sie bis zu Ende vorzutragen … sie haben eine Länge von etwa fünf Metern … Meine teuerste Schwester! Du willst, dass ich ernst bin? So will vermutlich der Einäugige auch all seine Nächsten einäugig haben.

(Sascha kommt mit dem Teegeschirr herein und macht sich geschickt am Tisch zu schaffen. Man hört die Knarre eines Nachtwächters.)

WARWARA MICHAILOWNA. Hör auf, Wlas! Man soll nicht plappern.

WLAS. Gut, sagte er und schwieg betrübt still. Tja! Nicht

eben großmütig von dir, Schwesterlein! Den ganzen Tag schweige ich und schreibe allerlei Anzeigen und Verleumdungen ab … da möchte ich abends natürlich reden …

WARWARA MICHAILOWNA. Und ich möchte von hier weggehen, irgendwohin, wo einfache, gesunde Menschen leben, die eine andere Sprache sprechen und ein ernstes, großes Werk vollbringen, das alle brauchen … Verstehst du mich?

WLAS *(nachdenklich)*. Ja … ich verstehe dich … Aber du wirst nirgendwohin weggehen, Warja!

WARWARA MICHAILOWNA. Vielleicht gehe ich doch. *(Eine Pause. Suscha bringt den Samowar herein.)* Morgen kommt wahrscheinlich Schalimow …

WLAS *(gähnend)*. Seine letzten Schreibereien mag ich nicht, sie sind leer, langweilig, kraftlos.

WARWARA MICHAILOWNA. Ich habe ihn vor langer Zeit bei einer abendlichen Lesung gesehen … ich war damals noch Gymnasiastin … Ich erinnere mich, wie er die Bühne betrat, so stark und fest … dichtes, widerspenstiges Haar … ein offenes, kühnes Gesicht … das Gesicht eines Mannes, der weiß, was er liebt und was er hasst … und sich seiner Kraft bewusst ist … Ich blickte ihn an und zitterte vor Freude, dass es solche Menschen gibt … Ja, das war gut! Ich erinnere mich, wie energisch er den Kopf zurückwarf, wie ihm das wirre Haar blitzschnell in die Stirn fiel, und ich erinnere mich an seine flammenden Augen … Seither sind sechs oder sieben, nein, schon acht Jahre vergangen …

WLAS. Du schwärmst von ihm wie eine Gymnasiastin von ihrem neuen Lehrer. Nimm dich in Acht, Schwester!

Schriftsteller sind, wie ich gehört habe, große Meister in puncto Frauenverführung …

WARWARA MICHAILOWNA. Das ist nicht gut, Wlas, das ist banal!

WLAS *(einfach, aufrichtig).* Schon gut, sei mir nicht böse, Warja!

WARWARA MICHAILOWNA. Versteh doch … ich warte auf ihn … wie auf den Frühling! Ich bin mit meinem Leben nicht zufrieden.

WLAS. Ja, ich verstehe dich gut … Ich bin selbst nicht zufrieden … man geniert sich, schämt sich irgendwie, zu leben … und weiß nicht, wie es weitergehen soll …

WARWARA MICHAILOWNA. Ja doch, Wlas, ja! Aber warum …

WLAS. Warum ich den Hanswurst spiele? Weil ich nicht mag, dass die anderen merken, dass es mir nicht gut geht …

KALERIA *(tritt ein).* Was für eine wunderbare Nacht! Und ihr sitzt hier – und es riecht nach Kohlengas.

WLAS *(reißt sich zusammen).* Habe die Ehre, Abstrakzia Wassiljewna.

KALERIA. Im Wald ist es so still und nachdenklich … schön! Der Mond schaut zärtlich herab, die Schatten sind dicht und warm … Der Tag kann niemals schöner sein als die Nacht …

WLAS *(ihren Ton nachahmend).* O ja! Alte Frauen sind immer fröhlicher als junge Mädchen, und Krebse fliegen schneller als Schwalben …

KALERIA *(setzt sich an den Tisch).* Sie verstehen überhaupt nichts! Warja, gieß mir Tee ein! Ist niemand dagewesen?

WLAS *(belehrend und blödelnd in einem).* Niemand kann

weder dagewesen noch nicht dagewesen sein … denn niemand existiert gar nicht.

KALERIA. Bitte, lassen Sie mich in Ruhe!

(Wlas verneigt sich schweigend vor ihr und geht ins Arbeitszimmer. Er sieht dort die Papiere auf dem Schreibtisch durch. Vor dem Fenster in der Ferne hört man die Knarre des Nachtwächters und ein leises Pfeifen.)

WARWARA MICHAILOWNA. Julia Filippowna war da und hat nach dir gefragt …

KALERIA. Nach mir? Ach, ja … wegen der Aufführung …

WARWARA MICHAILOWNA. Warst du im Wald?

KALERIA. Ja, ich habe dort Rjumin getroffen … er hat viel über dich gesprochen.

WARWARA MICHAILOWNA. Was hat er denn gesagt?

KALERIA. Das weißt du doch …

(Pause. Wlas summt näselnd und leise vor sich hin.)

WARWARA MICHAILOWNA *(seufzend)*. Das ist sehr traurig …

KALERIA. Für ihn?

WARWARA MICHAILOWNA. Einmal hat er zu mir gesagt: Die Liebe zur Frau sei die tragische Pflicht des Mannes …

KALERIA. Du hast dich früher anders zu ihm verhalten.

WARWARA MICHAILOWNA. Soll das ein Vorwurf sein? Ja?

KALERIA. O nein, Warja, nein!

WARWARA MICHAILOWNA. Zuerst habe ich mich bemüht, seine traurige Stimmung zu zerstreuen … und habe ihm wirklich viel Beachtung geschenkt … Später erkannte ich, wozu das führte … Dann reiste er ab …

KALERIA. Habt ihr euch ausgesprochen?

WARWARA MICHAILOWNA. Mit keinem Wort! Weder er noch ich …

(Pause.)

KALERIA. Seine Liebe muss lau und kraftlos sein … lauter schöne Worte … und dabei freudlos. Und eine freudlose Liebe hat für eine Frau etwas Kränkendes. Erscheint er dir nicht bucklig?

WARWARA MICHAILOWNA. *(erstaunt).* Davon habe ich nichts bemerkt … nein, wirklich? … Du irrst dich!

KALERIA. In seinem Innersten ist irgendetwas Unharmonisches. Und wenn ich das an einem Menschen feststelle, erscheint er mir allmählich auch körperlich missgestaltet.

WLAS *(der aus dem Arbeitszimmer tritt und einen Packen Papiere in seinen Händen schwenkt, traurig).* Unter Beachtung der Fülle dieser Intrigen und ausgehend von dieser Tatsache, habe ich die Ehre, Ihnen, Prinzipalin, zu melden, dass ich mich trotz meines heißesten Wunsches nicht in der Lage sehe, der mir auferlegten unangenehmen Pflicht zu dem vom Prinzipal genannten Termin nachzukommen …

WARWARA MICHAILOWNA. Ich helfe dir nachher. Trink erst Tee!

WLAS. O meine Schwester! Denn das bist du wahrhaftig! Und du kannst stolz darauf sein! Abstrakzia Wassiljewna, lernen Sie Ihren Nächsten lieben, solange meine Schwester am Leben ist und auch ich selbst! …

KALERIA. Wissen Sie, dass Sic bucklig sind!

WLAS. Von welchem Blickpunkt aus?

KALERIA. Sie haben eine bucklige Seele.

WLAS. Das, so hoffe ich, verdirbt nicht meine Figur?

KALERIA. Rohheit ist auch eine Missgestaltung, wie ein Buckel … Dumme Menschen erinnern an Lahme …

WLAS *(in ihrem Tonfall)*. Und die Lahmen an Ihre Aphorismen …

KALERIA. Banale Menschen erscheinen mir pockennarbig … und sind fast immer blond …

WLAS. Alle Brünetten heiraten früh, und Metaphysiker sind blind und taub … sehr schade, dass sie der Sprache mächtig sind!

KALERIA. Nicht eben geistreich! Außerdem haben Sie von der Metaphysik vermutlich keine Ahnung.

WLAS. Doch, habe ich. Der Tabak und die Metaphysik sind Gegenstände des Genusses für Liebhaber. Ich rauche nicht und kann infolgedessen über die Schädlichkeit des Tabaks nicht urteilen, die Metaphysiker dagegen habe ich gelesen, sie rufen Brechreiz und Schwindel bei mir hervor …

KALERIA. Schwache Köpfe macht schon der Duft von Blumen schwindelig!

WARWARA MICHAILOWNA. Hört auf, es wird noch Streit geben!

WLAS. Ich mache mich ans Essen – das ist gesünder.

KALERIA. Und ich werde ein bisschen Klavier spielen – das ist besser. Wie schwül es hier ist, Warja!

WARWARA MICHAILOWNA. Ich werde die Terrassentür öffnen … Olga kommt …

(Pause. Wlas trinkt Tee. Kaleria setzt sich an den Flügel. Vor dem Fenster ertönt das leise Pfeifen eines Wächters, das aus der Ferne mit einem noch leiseren Pfeifen beantwortet wird. Kaleria berührt behutsam die mittleren Tasten der Klaviatur. Olga Alexejewna tritt, rasch die Portiere zurückwerfend, ein, als käme ein

großer erschrockener Vogel hereingeflogen, und wirft das graue Kopftuch ab.)

OLGA ALEXEJEWNA. Da bin ich ... ich habe mich mit Mühe und Not losgerissen! *(Sie gibt Warwara Michailowna einen Kuss.)* Guten Abend, Kaleria Wassiljewna! Oh, spielen Sie nur, spielen Sie! Es geht schließlich auch ohne Händeschütteln, nicht wahr? Guten Tag, Wlas!

WLAS. Guten Abend, Mamachen!

WARWARA MICHAILOWNA. Also, setz dich ... Soll ich dir Tee eingießen? Warum kommst du so spät?

OLGA ALEXEJEWNA *(nervös)*. Warte mal! Dort draußen ist es unheimlich ... man hat das Gefühl, im Walde liegt jemand auf der Lauer ... jemand, der Böses im Schilde führt ... Die Nachtwächter pfeifen, und ihr Pfeifen ist so ... spöttisch und traurig ... Warum pfeifen sie?

WLAS. Tja! Das ist verdächtig! Pfeifen sie jemanden aus? Etwa uns?

OLGA ALEXEJEWNA. Ich wollte möglichst rasch zu dir kommen ... aber Nadja wurde plötzlich ungezogen, offenbar ist auch sie nicht ganz in Ordnung ... Du weißt doch, Wolka ist krank? Ja, er hat Fieber ... Dann musste ich Sonja baden ... Und Mischa war gleich nach dem Mittagessen in den Wald gelaufen und ist erst eben wiedergekommen, völlig abgerissen, schmutzig und natürlich hungrig ... Obendrein kam im gleichen Augenblick mein Mann aus der Stadt zurück ... und aus irgendeinem Grunde auch noch gereizt ... schweigend und mit finsterem Gesicht ... Ich wusste einfach nicht mehr aus noch ein, wahrhaftig ... Und dieses neue Stubenmädchen! Eine wahre Strafe! Sie spülte die Milchflaschen mit kochendem Wasser aus und alle platzten!

WARWARA MICHAILOWNA *(lächelnd)*. Du meine Ärmste, Beste! Du hast es schwer …

WLAS. Martha, Martha, du hast viel Sorge und Mühe. Und ebendarum ist alles bei dir entweder unausgebacken oder angebrannt … Welch weise Worte!

KALERIA. Nur klingen sie so hässlich: unausge … ange … pfui!

WLAS. Da bitte ich um Entschuldigung – die russische Sprache habe nicht ich erfunden!

OLGA ALEXEJEWNA *(ein wenig gekränkt)*. Euch erscheint das alles natürlich komisch … und es langweilt euch … verstehe ich ja! Aber was kann man machen? Wes das Herz voll ist, des gehet der Mund über … Die Kinder …, wenn ich an sie denke, dann ist es, als läute eine Glocke in meiner Brust … die Kinder, die Kinder! Man hat es schwer mit ihnen, Warja, ach, wenn du wüsstest, wie schwer!

WARWARA MICHAILOWNA. Sei mir nicht böse, aber mir scheint immerfort, du übertreibst …

OLGA ALEXEJEWNA *(erregt)*. Sag so etwas nicht! Das kannst du nicht beurteilen … das kannst du nicht! Du weißt nicht, was für ein schweres, bedrückendes Gefühl es ist – die Verantwortung gegenüber den Kindern! Sie werden mich doch fragen, wie man leben muss! Und was soll ich ihnen sagen?

WLAS. Warum machen Sie sich schon im Voraus Gedanken? Vielleicht werden sie gar nicht fragen? Vielleicht kommen sie selber darauf, wie man eigentlich leben sollte …

OLGA ALEXEJEWNA. Haben Sie eine Ahnung! Sie fragen doch jetzt schon, fragen und fragen! Und das sind schreckliche Fragen, auf die weder Sie noch ich, noch irgendjemand sonst eine Antwort weiß! Welch eine Qual, eine Frau zu sein!

WLAS *(nicht laut, aber ernst)*. Man muss vor allem Mensch sein … *(Er geht ins Arbeitszimmer hinüber, setzt sich an den Tisch und schreibt.)*

WARWARA MICHAILOWNA. Hör auf, Wlas! *(Sie steht auf und geht langsam vom Tisch weg auf die Terrassentür zu.)*

KALERIA *(verträumt)*. Doch die Morgenröte hat mit ihrem Lächeln die Sterne am Himmel ausgelöscht. *(Auch sie erhebt sich von dem Klaviersessel und stellt sich neben Warwara Michailowna in die Terrassentür.)*

OLGA ALEXEJEWNA. Ich scheine allen Melancholie eingeflößt zu haben? Wie eine Nachteule … mein Gott! Also gut, ich spreche nicht mehr darüber. Warum bist du denn weggegangen, Warja? Komm zu mir … sonst denke ich noch, das Zusammensein mit mir bedrückt dich.

WARWARA MICHAILOWNA *(rasch auf sie zutretend)*. Was für ein Unsinn, Olga! Mir hat nur unerträglich leidgetan …

OLGA ALEXEJEWNA. Lassen wir das … Weißt du, ich bin mir manchmal selber zuwider … und komme mir bedauernswert vor … mir scheint, meine Seele ist ganz runzlig und einem alten kleinen Hund ähnlich geworden … es gibt solche Schoßhündchen … sie sind böse, lieben niemanden und wollen einen immer heimlich beißen …

KALERIA. Die Sonne geht auf und geht unter, aber in den Herzen der Menschen ist immer Dämmerung …

OLGA ALEXEJEWNA. Wie meinen Sie das?

KALERIA. Ich? Das ist … ich rede mit mir selbst.

WLAS *(summt im Arbeitszimmer näselnd zur Melodie von*

»Ewiges Angedenken«). Ja, das Familienglück … ja, das Familienglück …

WARWARA MICHAILOWNA. Wlas, ich bitte dich, schweig!

WLAS. Ich schweige …

OLGA ALEXEJEWNA. In diese Stimmung habe ich ihn versetzt …

KALERIA. Aus dem Wald kommen Menschen. Schaut euch an, wie schön das aussieht! Und wie komisch Pawel Sergejewitsch mit den Armen fuchtelt …

WARWARA MICHAILOWNA. Wer ist sonst noch dabei?

KALERIA. Marja Lwowna … Julia Filippowna … Sonja, Simin … und Samyslow.

OLGA ALEXEJEWNA *(hüllt sich in ihr Tuch).* Und ich sehe aus wie ein Aschenbrödel! Diese Modedame Suslowa wird sich über mich lustig machen … Ich kann sie nun einmal nicht ausstehen!

WARWARA MICHAILOWNA. Wlas, rufe Sascha!

WLAS. Prinzipalin, dass Sie es nur wissen, Sie halten mich von der Erfüllung meiner eigentlichen Pflichten ab!

OLGA ALEXEJEWNA. Diese prächtige Dame … gibt sich mit ihren Kindern überhaupt nicht ab, und sonderbar … bei ihr sind sie immer gesund …

MARJA LWOWNA *(durch die Terrassentür eintretend).* Ihr Mann sagt, dass Sie nicht ganz gesund sind. Stimmt das? Was fehlt Ihnen denn?

WARWARA MICHAILOWNA. Ich freue mich, dass Sie bei uns hereinschauen, aber ich bin gesund …

(Auf der Terrasse hört man Lärmen und Gelächter.)

MARJA LWOWNA. Ihr Gesicht wirkt ein wenig nervös … *(Zu Olga Alexejewna).* Sie sind auch hier? Ich habe Sie so lange nicht gesehen …

OLGA ALEXEJEWNA. Als wäre es Ihnen so angenehm, mich zu sehen ... wo ich immer so sauertöpfisch bin ...

MARJA LWOWNA. Und wenn ich das Saure mag? Was machen die Kinderchen?

JULIA FILIPPOWNA *(von der Terrasse her eintretend).* Da, wie viele Gäste ich Ihnen mitbringe! Aber seien Sie mir nicht böse – wir gehen bald wieder. Guten Tag, Olga Alexejewna ... Aber wieso kommen die Männer nicht herein? Warwara Michailowna, draußen sind Pawel Sergejewitsch und Samyslow. Ich rufe sie, darf ich?

WARWARA MICHAILOWNA. Natürlich!

JULIA FILIPPOWNA. Gehen wir, Kaleria Wassiljewna!

MARJA LWOWNA *(zu Wlas).* Sie sind schmaler geworden – wovon?

WLAS. Woher soll ich das wissen!

SASCHA *(eintretend).* Soll ich den Samowar wieder heiß machen?

WARWARA MICHAILOWNA. Ja, bitte ... und möglichst schnell!

Alle zugleich

MARJA LWOWNA *(zu Wlas).* Und warum schneiden Sie Grimassen?

OLGA ALEXEJEWNA. Er ist immer ...

WLAS. Das ist so meine Spezialität.

MARJA LWOWNA. Sie versuchen immer geistreich zu sein? Ja? Und immer ohne Erfolg ... Meine liebe Warwara Michailowna, Ihr Pawel Sergejewitsch versinkt endgültig in Depression.

WARWARA MICHAILOWNA. Wieso denn meiner?

(Rjumin tritt ein. Dann kommen Julia Filippowna und Kaleria. Wlas macht ein finsteres Gesicht, zieht sich ins

Arbeitszimmer zurück und schließt hinter sich die Tür. Olga Alexejewna führt Marja Lwowna nach links beiseite und spricht unhörbar zu ihr, wobei sie auf die Brust zeigt.)

RJUMIN. Entschuldigen Sie unser spätes Eindringen!

WARWARA MICHAILOWNA. Ich freue mich über Gäste …

JULIA FILIPPOWNA. Gerade die Ungeniertheit macht das Leben in der Sommerfrische so schön … Aber Sie hätten hören sollen, wie er und Marja Lwowna sich gestritten haben!

RJUMIN. Es gelingt mir nicht, ruhig über das zu sprechen, das zu klären so wichtig, so unumgänglich ist … *(Sascha bringt den Samowar herein. Warwara Michailowna gibt ihr am Tisch leise irgendwelche Anweisungen und stellt das Teegeschirr bereit. Rjumin blickt sie, am Flügel stehend, nachdenklich und unverwandt an.)*

JULIA FILIPPOWNA. Sie sind sehr nervös, das hindert Sie, überzeugend zu wirken! *(Zu Warwara Michailowna.)* Ihr Gemahl sitzt bei meinem Selbstmordwerkzeug; sie trinken Kognak und ich habe so eine Vorahnung, dass sie sich tüchtig betrinken werden. Mein Mann hat überraschend Besuch bekommen; ein Onkel von ihm, Fleischhändler oder Buttererzeuger, mit einem Wort, ein Fabrikant; ein grauhaariger Krauskopf, spaßig, er lärmt und lacht! Aber wo bleibt denn Nikolai Petrowitsch, mein verständiger Ritter?

SAMYSLOW *(von der Terrasse aus).* Ich bin hier, Inesilija, ich stehe unter Ihrem Fenster …

JULIA FILIPPOWNA. Kommen Sie hierher! Was haben Sie da draußen geredet?

SAMYSLOW *(eintretend)*. Ich habe die Jugend demoralisiert … Sonja und Simin haben versucht, mich davon zu überzeugen, das Leben sei dem Menschen zur täglichen Übung im Lösen von sozialen, moralischen und sonstigen Aufgaben gegeben, und ich wollte ihnen beweisen, dass das Leben eine Kunst ist! Verstehen Sie, das Leben ist die Kunst, alles mit den eigenen Augen zu betrachten, mit den eigenen Ohren zu hören …

JULIA FILIPPOWNA. Das ist Unsinn!

SAMYSLOW. Dieser Unsinn ist mir eben erst eingefallen, aber ich spüre, dass das meine feste Überzeugung bleiben wird! Das Leben ist die Kunst, in allem Schönheit und Freude zu finden, selbst im Essen und Trinken … Die beiden schimpfen wie die Vandalen.

JULIA FILIPPOWNA. Kaleria Wassiljewna, bereiten Sie diesem Geschwätz ein Ende!

SAMYSLOW. Kaleria Wassiljewna! Ich weiß, Sie lieben alles Schöne – warum also mich nicht? Das ist ein schrecklicher Widerspruch!

KALERIA *(lächelnd)*. Sie sind so … laut, so schwülstig …

SAMYSLOW. Hm … aber jetzt geht es nicht darum … Wir, diese wunderschöne Dame und ich …

JULIA FILIPPOWNA. Hören Sie endlich auf! Wir sind gekommen …

SAMYSLOW *(sich verneigend)*. … zu Ihnen …

JULIA FILIPPOWNA. … um Sie …

SAMYSLOW *(der sich noch tiefer verbeugt)*. … zu bitten …

JULIA FILIPPOWNA. Ich kann nicht mehr! Gehen wir in Ihr nettes, sauberes Zimmer … ich liebe es so …

SAMYSLOW. Ja, gehen wir! Hier stört uns alles.

KALERIA *(lachend)*. Also gehen wir!

(Sie gehen auf den Korridoreingang zu.)

JULIA FILIPPOWNA. Warten Sie! Stellen Sie sich vor: der Onkel meines Mannes heißt mit Familiennamen – Dwojetotschije: Doppelpunkt!

SAMYSLOW *(malt mit dem Finger zwei Punkte in der Luft).* Verstehen Sie? Dwojetotschije: Doppelpunkt!

(Sie verschwinden lachend hinter der Portiere.)

OLGA ALEXEJEWNA. Wie lustig sie immer ist. Und dabei weiß ich, dass ihr Leben gar nicht ... so süß ist ... mit dem Mann hat sie ...

WARWARA MICHAILOWNA *(trocken).* Das, Olga, scheint mir, ist nicht unsere Sache ...

OLGA ALEXEJEWNA. Sag ich denn etwas Schlechtes?

RJUMIN. Wie häufig heutzutage Familiendramen geworden sind ...

SONJA *(zur Tür hereinschauend).* Mama, ich gehe ein bisschen spazieren ...

MARJA LWOWNA. Schon wieder?

SONJA. Ja! Hier sind so viele Frauen, und mit ihnen ist es immer so unerträglich langweilig ...

MARJA LWOWNA *(scherzhaft).* Du, sei vorsichtiger ... Deine Mutter ist auch eine Frau ...

SONJA *(kommt rasch herein).* Mamachen! Wahrhaftig? Schon lange?

OLGA ALEXEJEWNA. Was schwatzt sie nur zusammen!

WARWARA MICHAILOWNA. Wenn sie wenigstens grüßen würde!

MARJA LWOWNA. Sonka! Du bist ungezogen!

SONJA *(zu Warwara Michailowna).* Haben wir uns denn heute nicht schon gesehen? Aber ich gebe Ihnen gern einen Kuss ... gutmütig und hochherzig, wie ich bin, wenn es mir Vergnügen bereitet … oder mich wenigstens nichts kostet …

MARJA LWOWNA. Sonka! Hör auf zu plappern und verschwinde!

SONJA. Nein, was ist das nur für eine Mutter! Plötzlich hat sie sich eine Frau genannt. Ich bin seit achtzehn Jahren mit ihr bekannt und höre das zum ersten Mal! Bemerkenswert!

SIMIN *(steckt den Kopf hinter der Portiere hervor).* Kommen Sie nun oder nicht?

SONJA. Ich stelle vor: mein Sklave!

WARWARA MICHAILOWNA. Warum kommen Sie denn nicht herein? … Bitte!

SONJA. Er kann sich in anständiger Gesellschaft nicht sehen lassen.

SIMIN. Sie hat mir den Ärmel von der Jacke abgerissen – das ist alles!

SONJA. Aber auch nur das! Das ist ihm zu wenig, er ist nicht zufrieden mit mir … Mama, ich hole dich ab, ja? Und jetzt hör ich mir an, was mir Max von der ewigen Liebe erzählen wird …

SIMIN. Warum nicht gar … Warten Sie nur!

SONJA. Wir werden ja sehen, junger Mann! Auf Wiedersehen! Ist denn noch Mondschein?

SIMIN. Auch bin ich kein junger Mann mehr … In Sparta … Erlauben Sie, Sonja, warum einen Menschen schubsen, der …

SONJA. … noch gar kein Mensch ist … Vorwärts, Sparta!

(Ihre Stimmen und ihr Lachen ertönen noch lange irgendwo in der Nähe des Hauses.)

RJUMIN. Sie haben eine reizende Tochter, Marja Lwowna!

OLGA ALEXEJEWNA. So ähnlich bin ich auch einmal gewesen …

WARWARA MICHAILOWNA. Mir gefällt, wie ihr miteinander umgeht … nett! Setzen Sie sich, meine Herrschaften, trinken wir Tee!

MARJA LWOWNA. Ja, wir sind Freunde.

OLGA ALEXEJEWNA. Freunde … wie erreicht man das?

MARJA LWOWNA. Was?

OLGA ALEXEJEWNA. Die Freundschaft der Kinder.

MARJA LWOWNA. Das ist ganz einfach: man muss zu seinen Kindern aufrichtig sein und muss die Wahrheit nicht vor ihnen verbergen … sie nicht betrügen.

RJUMIN *(spöttisch)*. Na, wissen Sie, das ist riskant! Die Wahrheit ist hart und kalt, und immer verbirgt sich in ihr das feine Gift des Skeptizismus … Sie können ein Kind, dem Sie das schreckliche Gesicht der Wahrheit offenbaren, auf der Stelle vergiften.

MARJA LWOWNA. Sie ziehen es also vor, es erst allmählich zu vergiften? Damit Sie selber nicht merken, wie Sie einen Menschen zum Krüppel machen?

RJUMIN *(hitzig und nervös)*. Erlauben Sie! Das habe ich nicht gesagt! Ich bin nur gegen diese … Enthüllungen … gegen diese törichten, unnötigen Versuche, dem Leben das schöne Gewand der Poesie herunterzureißen, der Poesie, die seine groben, oft sogar missgestalteten Formen verbirgt … Man muss das Leben schmücken! Man muss für das Leben neue Gewänder bereitlegen, bevor man die alten von ihm herunterreißt …

MARJA LWOWNA. Wovon sprechen Sie? Ich verstehe Sie nicht! …

RJUMIN. Vom Recht des Menschen, zu wünschen, dass er

getäuscht wird! … Sie sagen des Öfteren – das Leben! Was ist das, das Leben? Wenn Sie von ihm reden, sehe ich es als riesiges, unförmiges Ungeheuer vor mir, das ständig Opfer, Menschenopfer, fordert! Tag für Tag nagt es am Hirn und an den Muskeln des Menschen und trinkt gierig sein Blut. *(Warwara Michailowna hört Rjumin die ganze Zeit aufmerksam zu, doch nach und nach zeichnet sich Befremden auf ihrem Gesicht ab. Sie macht eine Bewegung, als ob sie ihn zum Schweigen bringen möchte.)* Wozu das? Ich sehe keinen Sinn darin, ich weiß nur, dass der Mensch, je länger er lebt, immer mehr Schmutz, Banalität, Rohheit und Widerwärtigkeiten ringsum sieht … und sich immer stärker nach dem Schönen, Leuchtenden, Reinen sehnt! … Er kann die Widersprüche des Lebens nicht aufheben, er besitzt nicht die Kraft, das Böse, das Schmutzige aus ihm zu verbannen – so nehmen Sie ihm doch wenigstens nicht das Recht, zu erkennen, was seine Seele tötet! Billigen Sie ihm das Recht zu, sich von dem abzuwenden, was ihn beleidigt! Der Mensch will vergessen und Ruhe … seinen Frieden will er! *(Er begegnet dem Blick Warwara Michailownas, zuckt zusammen und hält inne.)*

MARJA LWOWNA *(gelassen)*. Er ist also bankrott, Ihr Mensch? Sehr bedauerlich … Und das allein genügt Ihnen, ihm das Recht zuzubilligen, sich in Frieden auszuruhen? Wenig schmeichelhaft.

RJUMIN *(zu Warwara Michailowna)*. Verzeihen Sie, wenn ich … so laut geworden bin! Ihnen ist das, wie ich sehe, unangenehm …

WARWARA MICHAILOWNA. Nein, nicht, dass Sie so nervös sind …

RJUMIN. Und was sonst? Was sonst?

WARWARA MICHAILOWNA *(langsam, sehr ruhig).* Ich erinnere mich, dass Sie vor etwa zwei Jahren ganz anders gesprochen haben ... aber ebenso überzeugt ... ebenso hitzig ...

RJUMIN *(erregt).* Der Mensch wächst und mit ihm sein Gedanke!

MARJA LWOWNA. Er irrt umher wie eine aufgeschreckte Fledermaus, dieser kleine dunkle Gedanke ...

RJUMIN *(immer noch so erregt).* Er erhebt sich spiralförmig, aber er erhebt sich immer höher! Sie, Marja Lwowna, verdächtigen mich der Unaufrichtigkeit, nicht wahr? ...

MARJA LWOWNA. Ich? Nein! Ich sehe, Sie schreien ... aufrichtig ... und obwohl Hysterie für mich kein Argument ist, verstehe ich doch, dass Sie durch irgendetwas sehr verängstigt sind ... und sich vor dem Leben verstecken möchten ... Ich weiß auch, dass nicht Sie allein es möchten – es gibt viele verängstigte Menschen ...

RJUMIN. Ja, es gibt viele, weil die Menschen immer feiner und schärfer empfinden, wie schrecklich das Leben ist! Alles in ihm ist streng vorausbestimmt ... und nur das menschliche Dasein ist zufällig, sinnlos ... ziellos! ...

MARJA LWOWNA *(ruhig).* Versuchen Sie doch, die zufällige Tatsache Ihrer Existenz auf die Stufe der gesellschaftlichen Notwendigkeit zu heben – dann wird Ihr Leben einen Sinn erhalten ...

OLGA ALEXEJEWNA. Mein Gott! Wenn man in meiner Gegenwart so streng und anklagend spricht ... läuft es mir kalt den Rücken herunter ... als spräche man von mir, als klage man mich an! Wie wenig Freundlichkeit es doch im Leben gibt! Aber ich muss nach Hause! Es ist schön bei dir, Warja … immer bekommt man etwas Besonderes zu hören … und horcht mit dem besten Teil seiner Seele auf … Es ist schon spät, ich muss gehen …

WARWARA MICHAILOWNA. Bleib da, meine Liebe! Was hast du denn so … plötzlich? Wenn sie dich brauchen, werden sie nach dir schicken.

OLGA ALEXEJEWNA. Ja, das werden sie … Also gut, ich bleibe noch ein bisschen.

(Sie geht zum Sofa, lässt sich mit angezogenen Beinen darauf nieder und rollt sich zu einem Knäuel zusammen. Rjumin trommelt, an der Terrassentür stehend, nervös mit den Fingern an die Scheibe.)

WARWARA MICHAILOWNA *(nachdenklich)*. Sonderbar, wie wir leben! Wir reden und reden – und das ist alles! Wir haben einen Haufen Meinungen gesammelt … die wir mit so einer … unguten Eile annehmen und wieder verwerfen … Aber Wünsche, klare, lebhafte Wünsche haben wir nicht … nein, die haben wir nicht!

RJUMIN. Das ist wohl an meine Adresse gerichtet? Ja?

WARWARA MICHAILOWNA. Ich spreche von uns allen. Wir leben unaufrichtig, unschön, langweilig …

JULIA FILIPPOWNA *(kommt rasch herein, gefolgt von Kaleria)*. Herrschaften! Helfen Sie mir …

KALERIA. Das ist überflüssig, wirklich!

JULIA FILIPPOWNA. Sie hat neue Verse geschrieben und mir ihr Wort gegeben, sie auf unserem Abend zugunsten der Kinderkolonie vorzutragen … Ich bitte Sie, es gleich hier zu tun! Herrschaften, unterstützen Sie mich!

RJUMIN. Ja, lesen Sie! Ich liebe Ihre zärtlichen Verse …

MARJA LWOWNA. Auch ich würde sie gerne hören. Die Streitgespräche verhärten nur. Lesen Sie, meine Liebe!

WARWARA MICHAILOWNA. Etwas Neues, Kaleria?

KALERIA. Ja. Prosa. Langweilig!

JULIA FILIPPOWNA. Also lesen Sie schon vor, meine Teure! Was kostet es Sie denn? Kommen Sie, folgen wir ihnen! *(Sie geht und zieht Kaleria mit sich fort.)*

MARJA LWOWNA. Aber wo ist denn ... Wlas Michailowitsch?

WARWARA MICHAILOWNA. Er ist im Arbeitszimmer. Er hat viel zu tun.

MARJA LWOWNA. Ich bin ein wenig schroff zu ihm gewesen. Es ärgert mich, ihn immer nur als Possenreißer zu sehen! Im Ernst!

WARWARA MICHAILOWNA. Ja, das ist schade. Wissen Sie, wenn Sie vielleicht ein wenig weicher zu ihm sein könnten! ... Er ist ein lieber Kerl ... Er ist von vielen geschulmeistert, aber von niemand liebkost worden.

MARJA LWOWNA *(lächelnd).* Wie alle ... wie wir alle ... Und ebendarum sind wir ja auch so schroff, so unnachsichtig ...

WARWARA MICHAILOWNA. Er hat beim ewig betrunkenen Vater gelebt. Der hat ihn geprügelt ...

MARJA LWOWNA. Ich gehe zu ihm. *(Sie geht auf die Tür des Arbeitszimmers zu, klopft an und tritt ein.)*

RJUMIN *(zu Warwara Michailowna).* Sie und Marja Lwowna kommen einander wohl immer näher, nicht wahr?

WARWARA MICHAILOWNA. Ja, sie gefällt mir.

OLGA ALEXEJEWNA *(mit gedämpfter Stimme).* Wie streng sie ist ... wie streng sie über alles urteilt!

RJUMIN. Marja Lwowna besitzt in hohem Maße die Unerbittlichkeit der Gläubigen ... eine blinde, kalte Unerbittlichkeit ... Wie kann einem das gefallen?

DUDAKOW *(vom Korridor hereintretend).* Habe die Ehre! Entschuldigen Sie … Olga, du bist hier? Kommst du bald nach Hause?

OLGA ALEXEJEWNA. Meinetwegen sofort! Bist du spazieren gegangen?

WARWARA MICHAILOWNA. Ein Glas Tee, Kirill Akimowitsch?

DUDAKOW. Tee? Nein. Zur Nacht trinke ich keinen … Pawel Sergejewitsch, ich würde Sie gerne sprechen … Kann ich morgen zu Ihnen kommen?

RJUMIN. Bitte sehr!

DUDAKOW. Es handelt sich um die Kolonie für jugendliche Straftäter. Sie haben es da wieder einmal arg getrieben … hol sie der Teufel! Man prügelt sie dort … hol's der Teufel! Gestern sind die Zeitungen über uns beide hergefallen …

RJUMIN. Ich bin tatsächlich lange nicht in der Kolonie gewesen … Ich hatte irgendwie immer keine Zeit …

DUDAKOW. Tja … und überhaupt … alle haben keine Zeit … Alle haben einen Haufen Scherereien, aber nichts zu tun … Warum? Ich zum Beispiel fühle mich immer sehr abgespannt. Da bin ich im Wald umhergeschlendert, und das beruhigt … ein bisschen … meine Nerven sind bis zum Äußersten strapaziert.

WARWARA MICHAILOWNA. Ihr Gesicht ist eingefallen.

DUDAKOW. Schon möglich. Auch heute wieder eine Unannehmlichkeit … Der Bürgermeister, dieser Esel, wirft mir vor, ich wirtschafte schlecht! Die Kranken essen zu viel und verbrauchen eine Riesenmenge Chinin … Dieser Dummkopf! Erstens geht ihn das gar nichts an … Und zweitens: Leg die Straßen des unteren Stadtteils trocken, und ich verzichte auf dein Chinin! Schließlich fresse ich dieses Chinin doch nicht selbst? Ich kann Chinin nicht ausstehen ... ebenso wenig wie unverschämte Menschen ...

OLGA ALEXEJEWNA. Lohnt es sich denn, sich über solche Kleinigkeiten aufzuregen, Kirill? Wird Zeit, sich daran zu gewöhnen, wirklich!

DUDAKOW. Und wenn sich nun das ganze Leben aus Kleinigkeiten zusammensetzt? Und was heißt – gewöhnen? Woran gewöhnen? Daran, dass jeder Idiot sich in deine Angelegenheiten einmischt und dich hindert, zu leben? Aber du siehst – ich gewöhne mich schon ... Der Bürgermeister sagt, es muss gespart werden ... so werde ich es eben tun! Dabei ist es gar nicht nötig und schadet nur der Sache, aber ich tu's ... Ich habe keine private Praxis und kann diese blöde Arbeit nicht aufgeben ...

OLGA ALEXEJEWNA *(vorwurfsvoll)*. Weil wir eine so große Familie sind? Ja, Kirill? Das habe ich schon wiederholt von dir gehört ... aber hier solltest du davon nicht sprechen ... Du bist taktlos und grob! *(Sie wirft sich den Schal über den Kopf und geht rasch auf Warwara Michailownas Zimmer zu.)*

WARWARA MICHAILOWNA. Olga! Ich bitte dich!

OLGA ALEXEJEWNA *(fast schluchzend)*. Ach, lass mich, lass! Ich kenne das! Ich habe das schon so oft gehört ... *(Beide verschwinden in Warwara Michailownas Zimmer.)*

DUDAKOW *(kopflos)*. Na bitte! Und ... das war doch gar nicht so gemeint ... Pawel Sergejewitsch, entschuldigen Sie ... Es ist mir ganz zufällig ... Ich bin so ... verwirrt ... *(Er will rasch gehen und prallt in der Tür mit Kaleria, Julia Filippowna und Samyslow zusammen.)*

JULIA FILIPPOWNA. Der Doktor hätte uns bald umgerannt! Was hat er denn?

RJUMIN. Die Nerven ... *(Warwara Michailowna tritt ein.)* Ist Olga Alexejewna gegangen?

WARWARA MICHAILOWNA. Ja ... sie ist gegangen ...

JULIA FILIPPOWNA. Ich traue diesem Doktor nicht ... Er ist so ... angekränkelt und zerstreut und stottert ... Steckt den Teelöffel ins Brillenetui und rührt den Zucker im Teeglas mit seinem Hämmerchen um ... Er kann sich beim Ausstellen eines Rezeptes irren und einem etwas Schädliches verschreiben.

RJUMIN. Ich habe das Gefühl, es wird damit enden, dass er sich eine Kugel durch den Kopf schießt.

WARWARA MICHAILOWNA. Sie sagen das so gelassen ...

RJUMIN. Selbstmorde sind unter den Ärzten häufig.

WARWARA MICHAILOWNA. Worte beunruhigen uns mehr als Menschen ... Finden Sie nicht?

RJUMIN *(zusammenzuckend).* Oh, Warwara Michailowna!

(Kaleria setzt sich an den Flügel, Samyslow neben sie.)

SAMYSLOW. Sitzen Sie gut?

KALERIA. Danke ...

SAMYSLOW. Herrschaften, Achtung!

(Marja Lwowna und Wlas, beide sehr angeregt, kommen herein.)

WLAS. Oho! Hier sollen Verse rezitiert werden, ja?

KALERIA *(ärgerlich).* Wenn Sie zuhören wollen, müssen Sie schon aufhören, solchen Lärm zu machen.

WLAS. Ersterbe alles Lebendige!

MARJA LWOWNA. Wir sind ja schon still ... ganz still ...

KALERIA. Freut mich. Es handelt sich um ein Gedicht in

Prosa. Früher oder später wird man eine Musik dazu schreiben.

JULIA FILIPPOWNA. Eine Melodeklamation! Wie schön! Das liebe ich! Ich liebe alles Originelle ... Ich kann mich wie ein Kind sogar über solche Dinge freuen wie Ansichtskarten, Automobile ...

WLAS *(im gleichen Tonfall).* ... Erdbeben, Grammophone, die Influenza ...

KALERIA *(laut und trocken).* Erlauben Sie, dass ich anfange? *(Alle setzen sich rasch, Kaleria schlägt leise die Tasten an.)* Der Titel lautet: »Das Edelweiß«.

»Ewig bedecken Eis und Schnee die Gipfel der Alpen mit einem unvergänglichen Leichengewand, und kaltes Schweigen herrscht über ihnen – das weise Schweigen der stolzen Höhen.

Grenzenlos ist die Wüste des Himmels über den Gipfeln der Berge, und zahllos sind die traurigen Augen der Gestirne über dem ewigen Schnee!

Unten, am Fuße der Berge, in den engen Tälern der Erde, wächst, rastlos wogend, das Leben und leidet der müde Herrscher der Täler – der Mensch.

In den dunklen Höhlen der Erde Stöhnen und Lachen, das Schreien des Zorns und das Geflüster der Liebe ... vielstimmig ist die düstere Musik des Erdenlebens! ... Doch die schweren Seufzer der Menschen beeindrucken das Schweigen der Bergesgipfel und die Leidenschaftslosigkeit der Sterne nicht.

Ewig bedecken Eis und Schnee die Gipfel der Alpen mit einem unvergänglichen Leichengewand, und kaltes Schweigen herrscht über ihnen – das weise Schweigen

der stolzen Höhen. Und doch erblüht am Fuße der Gletscher, im Reich des ewigen Schweigens – als wolle es irgendjemandem vom Elend der Erde und von den Qualen der erschöpften Menschen künden – einsam die traurige Gebirgsblume, das Edelweiß …
Und über ihr schwebt in den unendlichen Wüsten des Himmels schweigend die stolze Sonne, leuchtet traurig der stumme Mond und flimmern lautlos die Sterne.
Und der kalte Schleier der Stille, der sich vom Himmel niedersenkt, umfängt bei Tage wie in der Nacht die einsame Blume, das Edelweiß.«

(Pause. Alle sind in Gedanken versunken und schweigen. In der Ferne ertönen die Knarre eines Nachtwächters und ein leises Pfeifen. Kaleria blickt mit weit geöffneten Augen vor sich hin.)

JULIA FILIPPOWNA *(mit gedämpfter Stimme).* Wie schön! Wie traurig … und rein …

SAMYSLOW. Hören Sie! Das muss man in einem Kostüm vortragen, das weiß … weit … und weich ist wie das Edelweiß! Verstehen Sie? Das würde irrsinnig schön sein! Großartig!

WLAS *(an den Flügel tretend).* Auch mir gefällt es, wirklich! *(Er lacht verlegen.)* Es gefällt mir! Schön! Wie Moosbeerensaft an einem heißen Sommertag!

KALERIA. Gehen Sie!

WLAS. Seien Sie mir nicht böse! Ich spreche doch aufrichtig!

SASCHA *(tritt ein).* Herr Schalimow ist eingetroffen.
(Allgemeine Bewegung. Warwara Michailowna wendet sich zur Tür, bleibt aber beim Anblick des eintretenden Schalimow stehen. Er ist glatzköpfig.)

SCHALIMOW. Ich habe wohl das Vergnügen …

WARWARA MICHAILOWNA *(nach einer kleinen Pause, verhalten).* Bitte … treten Sie näher … Sergej wird gleich kommen …

(Vorhang.)

Zweiter Akt

Lichtung vor der Terrasse des Bassow'schen Sommerhauses, umgeben von einem dichten Ring von Kiefern, Fichten und Birken. Im Vordergrunde links zwei Kiefern, darunter ein runder Tisch und drei Stühle. Dahinter die niedrige, von einem Sonnensegel überdachte Terrasse. Ihr gegenüber eine Gruppe von Bäumen und eine breite Bank mit Rückenlehne. Hinter den Bäumen ein Weg in den Wald. Weiter zurück, in der Tiefe der rechten Seite, eine kleine muschelförmige Freilichtbühne, von wo – von rechts nach links – ein Weg zum Suslow'schen Sommerhaus führt. Vor der Bühne einige Bänke. Es ist Abend, die Sonne geht unter. Bei Bassows spielt Kaleria Klavier. Pustobaika bewegt sich langsam und schwerfällig über die Lichtung und stellt die Bänke auf. Kropilkin steht, ein Gewehr über der Schulter, neben den Fichten.

KROPILKIN. Und wer hat in diesem Jahr das Haus da gemietet?

PUSTOBAIKA *(mürrisch, mit tiefer Stimme)*. Der Ingenieur Suslow.

KROPILKIN. Alles Neue?

PUSTOBAIKA. Was?

KROPILKIN. Ich meine – sind alles Neue. Nicht die, die im vorigen Jahr da waren.

PUSTOBAIKA *(holt eine Pfeife hervor)*. Macht keinen Unterschied. Einer ist wie der andere.

KROPILKIN *(seufzend)*. Das sowieso ... alles Herrschaften ... ha-ha!

PUSTOBAIKA. Sommergäste sind alle gleich. Ich habe in fünf Jahren genug davon gesehen – kann sie gar nicht mehr zählen. Sie sind für mich wie Blasen auf einer Pfütze bei Regenwetter … kommen hoch und platzen … kommen hoch und platzen … Ja, so ist das alles …

(Hinter der Ecke des Bassow'schen Sommerhauses hervor zieht lachend und lärmend, auf dem Weg in den Wald eine Gruppe von Jugendlichen mit Mandolinen, Balalaikas und Gitarren vorüber.)

KROPILKIN. Schau einer an – Musik! Die wollen wohl auch eine Vorstellung geben?

PUSTOBAIKA. Werden sie auch … was macht's denen aus? Die sind satt …

KROPILKIN. Ich habe noch nie gesehen, wie die Herrschaften Theater spielen … Ist sicher zum Lachen? Hast du's gesehen?

PUSTOBAIKA. Ich, ja. Ich, mein Bester, habe alles schon mal gesehen …

(Von rechts dringt das schallende Lachen von Dwojetotschije herüber.)

KROPILKIN. Nun? Und wie machen sie es?

PUSTOBAIKA. Ganz einfach. Sie ziehen sich fremde Kleider an und reden dies und das, jeder wie's ihm gefällt … Sie schreien und rennen herum, als ob sie etwas tun … oder sich ärgern … Sie machen halt einander was vor. Der eine stellt sich ehrlich, der andere klug … oder meinetwegen unglücklich … Wie's wem am passendsten scheint … das stellt er dann eben dar …

(Auf der linken Seite pfeift jemand einem Hund und ruft: »Bajan! Bajan!« Pustobaika klopft mit dem Beilrücken auf eine Bank.)

KROPILKIN. Was du nicht sagst … du meine Güte! Tja … Und singen sie auch Lieder?

PUSTOBAIKA. Das weniger ... Die Frau vom Ingenieur, die wimmert manchmal welche ... hat aber eine schwache Stimme.

KROPILKIN. Die Herrschaften kommen ...

PUSTOBAIKA. Sollen sie doch ...

(Dwojetotschije erscheint rechts neben der Bühne, hinter ihm Suslow.)

DWOJETOTSCHIJE *(gutmütig)*. Mach du dich mal nicht über mich lustig ... das steht dir nicht zu! Bist gerade, verstehst du, erst vierzig geworden und hast eine Glatze, und ich steuere auf die sechzig zu und bin zwar grau, aber krausköpfig, was? Ha-ha!

(Pustobaika macht sich die ganze Zeit, träge und ungeschickt, mit den Bänken neben der Bühne zu schaffen, Kropilkin geht vorsichtig hinter die Bühne.)

SUSLOW. Ihr Glück ... Fahren Sie fort, ich höre zu ...

DWOJETOTSCHIJE. Komm, setzen wir uns! Also, da tauchten nun die Deutschen auf ... Meine Fabrik war alt, die Maschinen taugten nichts, und die, verstehst du, haben alles neu eingerichtet – nun gut, ihre Ware war besser und billiger als meine ... Da sehe ich, meine Sache steht schlecht, und denke – besser als die Deutschen kriegst du es nicht hin. Da entschloss ich mich eben, ihnen den ganzen Kram zu verkaufen. *(Er schweigt nachdenklich.)*

SUSLOW. Haben Sie alles verkauft?

DWOJETOTSCHIJE. Das Haus in der Stadt habe ich behalten ... ein großes, altes Haus ... Und zu tun habe ich jetzt nichts, nur eins bleibt mir noch – mein Geld zu zählen ... hahaha! Geradeheraus gesagt, so was von einem alten Dummkopf ... Kaum hatte ich, weißt du, alles verkauft, fühlte ich mich gleich als Waise ... Da überfiel mich die

Langeweile, und jetzt weiß ich nicht, wo ich mit mir hin soll. Verstehst du: ich habe hier meine Arme ... Früher habe ich sie gar nicht bemerkt ... und jetzt sehe ich, da hängt was Überflüssiges herum ... *(Er lacht. Pause. Warwara Michailowna tritt heraus auf die Terrasse und geht, die Hände auf dem Rücken, langsam und nachdenklich auf und ab.)* Schau, Bassows Frau ist gekommen ... Was für eine Frau ... ein Magnet! Wenn ich zehn Jahre jünger wäre ...

SUSLOW. Aber Sie sind doch ... glaube ich ... verheiratet?

DWOJETOTSCHIJE. War ich. Und nicht nur einmal. Aber die einen von meinen Frauen sind gestorben, die anderen sind mir weggelaufen. Ich hatte auch Kinder ... zwei Mädchen ... beide sind gestorben ... Der Junge auch ... ertrunken, weißt du ... Bei den Frauen habe ich sehr viel Glück gehabt ... immer bin ich bei euch in Russland auf Pirsch gegangen ... euch die Frauen auszuspannen ist ein Kinderspiel! Ihr seid schlechte Ehemänner ... da komme ich irgendwo an, schaue mich um und sehe, verstehst du, eine Frau, die aller Aufmerksamkeit wert ist, und dabei hat sie einen Mann – die reinste Null mit Hut ... Ich schnappe sie mir also gleich ... haha! *(Wlas kommt aus dem Zimmer auf die Terrasse heraus, bleibt stehen und sieht seine Schwester an.)* Ja, das alles war einmal ... und jetzt ist niemand und nichts mehr da ... niemand und nichts ... verstehst du? ...

SUSLOW. Und wie gedenken Sie nun ... zu leben?

DWOJETOTSCHIJE. Ich weiß es nicht. Gib mir einen Rat! Deine kalte Suppe taugte aber heute nichts, Verehrter ... und das Ferkel auch nicht ... Mitten im Sommer ein Ferkel zu essen – das nennt man Anachronismus ...

WLAS. Nun, Warja, was ist?

WARWARA MICHAILOWNA. Nichts ... was soll schon sein? ... Ich bin ein bedauernswerter Mensch ... nicht wahr?

WLAS *(fasst sie um die Taille).* Ich möchte dir gerne etwas Liebes sagen, aber ich weiß nicht, wie man das macht ... ich weiß es nicht ...

WARWARA MICHAILOWNA. Lass mich, mein Lieber ...

DWOJETOTSCHIJE. Da kommt Herr Tschernow zu uns ...

SUSLOW. Der Hanswurst ...

DWOJETOTSCHIJE. Ein munterer Bursche, aber offenbar ein Taugenichts ...

WLAS *(herantretend).* Wen nennen Sie so?

DWOJETOTSCHIJE. Nun, meinen Neffen hier, haha! Aber auch Sie scheinen mir nicht allzu tüchtig zu sein. Wie?

WLAS. Soweit ich Sie, verehrter Semjon Semjonowitsch, schon kenne, verstehen Sie unter Arbeit das Auspressen der Lebenssäfte aus Ihren Nächsten. In diesem Sinne bin ich noch nicht sehr tüchtig ... O weh!

DWOJETOTSCHIJE. Haha! Da machen Sie sich keine Sorgen! In der Jugend fällt's einem, wissen Sie, noch recht schwer: das Gewissen ist noch nicht gefestigt, und im Kopf ist statt des Hirns nur rosa Pudding. Werden Sie aber reifer, dann werden Sie sich's auf dem Rücken von irgendjemandem ganz bequem machen, haha! Auf dem Rücken des Nächsten kommt man am ehesten zu Wohlstand.

WLAS. Sie sind in dieser Art Fortbewegung zweifellos sehr erfahren ... ich glaube Ihnen! *(Er verbeugt sich und geht.)*

DWOJETOTSCHIJE. Haha! Hat mir die Meinung gesagt

und ist zufrieden! Der Bursche … Fühlt sich wohl als Held … Aber macht nichts, soll die junge Seele ihren Spaß haben. *(Er senkt den Kopf und sitzt schweigend da.)*

KALERIA *(auf die Terrasse heraustretend).* Du kannst dich noch immer nicht damit abfinden?

WARWARA MICHAILOWNA *(gedämpft).* Nein, kann ich nicht …

KALERIA. Und auf wen wirst du jetzt warten?

WARWARA MICHAILOWNA *(nachdenklich).* Ich weiß nicht … ich weiß es nicht …

(Kaleria zuckt mit den Achseln, kommt von der Terrasse herunter und verschwindet nach links, hinter die Ecke des Hauses.)

DWOJETOTSCHIJE. Tja! Also was ist, Petrucha … wie werde ich denn nun leben?

SUSLOW. Das lässt sich nicht gleich entscheiden … man muss erst nachdenken …

DWOJETOTSCHIJE. Lässt sich nicht entscheiden? Haha! Ach du … Was hast du gesagt?

SUSLOW. Nichts … Ich habe nichts gesagt.

DWOJETOTSCHIJE. Und hast offenbar auch nichts zu sagen. *(Von rechts kommen Bassow und Schalimow aus dem Wald; sie verbeugen sich nach allen Seiten, gehen zum Tisch unter den Kiefern und lassen sich an ihm nieder; Bassow hat ein Handtuch um den Hals.)* Da sind ja auch der Schriftsteller und der Rechtsanwalt … Waren Sie spazieren?

BASSOW. Wir haben gebadet.

DWOJETOTSCHIJE. Und war es kalt?

BASSOW. Es geht.

DWOJETOTSCHIJE. Auch ich habe Lust, ein bisschen zu

schwimmen. Komm, Pjotr, vielleicht ertrinke ich, und du kannst mich eher beerben, hm?

SUSLOW. Nein, ich kann nicht. Ich habe mit ihnen etwas zu besprechen.

DWOJETOTSCHIJE. Dann gehe ich alleine.

(Er steht auf und geht nach rechts weg in den Wald. Suslow blickt ihm nach und tritt lächelnd auf Bassow zu.)

BASSOW. Warja, lass uns ein Fläschchen Bier bringen … oder nein, lieber drei … Nun, wie geht es mit deinem Onkel?

(Warwara Michailowna geht ins Haus.)

SUSLOW. Er geht mir langsam auf die Nerven …

BASSOW. Ja … diese Alten sind kein reines Vergnügen …

SUSLOW. Es sieht so aus, als wolle er bei mir bleiben …

BASSOW. Der Onkel da? Hm … Und wie stehst du dazu?

SUSLOW. Ja … weiß der Teufel! Vermutlich wird es so kommen, wie er will.

(Sascha bringt das Bier.)

BASSOW. Warum sagst du nichts, Jakow?

SCHALIMOW. Ich bin ein bisschen abgekämpft … Ich habe vergessen – wie heißt eigentlich diese kriegerische Dame?

BASSOW. Marja Lwowna … Ach, Pjotr, mein Bester, wenn du wüsstest, was sich heute beim Mittagessen für ein Wortgefecht bei uns entfacht hat!

SUSLOW. Natürlich – Marja Lwowna …

SCHALIMOW. Eine grimmige Frau, kann ich Ihnen sagen …

(Warwara Michailowna betritt aufs Neue die Terrasse.)

SUSLOW. Ich mag sie auch nicht.

SCHALIMOW. Ich bin ein weicher Mensch, aber ich hätte ihr, ehrlich gestanden, beinahe einige Grobheiten gesagt.

BASSOW *(lachend)*. Sie hat dir aber welche gesagt.

SCHALIMOW *(zu Suslow).* Versetzen Sie sich in meine Situation. Da schreibt man etwas, regt sich auf … und ermüdet schließlich, schlicht gesagt. Man kommt zu einem Freund, um auszuspannen, mal einfach ein wenig das Leben zu genießen und seine Gedanken zu sammeln … und plötzlich taucht eine Dame auf und will Ihre Beichte hören: woran Sie glauben, worauf Sie hoffen, warum Sie über dieses schreiben und über jenes schweigen? Danach sagt sie, hier ist bei Ihnen etwas unklar, dort etwas falsch, da etwas unschön … Ach, Verehrteste, schreiben Sie doch selber so, dass alles nicht nur klar, sondern auch richtig und schön ist! Schreiben Sie etwas Geniales, aber lassen Sie mich ausspannen! … Puh …

BASSOW. Das muss man hinnehmen, mein Freund! Wenn man eine Wolgareise macht, muss man unbedingt eine Fischsuppe essen, und beim Anblick eines Schriftstellers will sich jeder besonders schlau zeigen; das muss man hinnehmen.

SCHALIMOW. Aber das ist doch taktlos … und unklug! Ist sie öfter bei dir?

BASSOW. Nein … das heißt, ja, recht oft! Ich schätze sie auch nicht sehr … Sie ist gradlinig wie ein Stock. Sie ist mit meiner Frau befreundet … und verdirbt sie mir sehr. *(Er schaut sich zur Terrasse um und bemerkt Warwara Michailowna.)* Warja … du bist hier?

WARWARA MICHAILOWNA. Wie du siehst …

(Samyslow und Julia Filippowna nähern sich rasch auf dem Wege vom Sommerhaus der Suslows. Sie lachen. Schalimow blickt lächelnd den verlegenen Bassow an.)

SAMYSLOW. Warwara Michailowna! Wir veranstalten ein Picknick … einen Ausflug mit Booten …

JULIA FILIPPOWNA. Guten Tag, meine Liebe!

WARWARA MICHAILOWNA. Gehen wir hinein!

(Sie verschwinden im Haus. Suslow steht auf und folgt ihnen langsam.)

SAMYSLOW. Ist Kaleria Wassiljewna zu Hause?

SCHALIMOW *(lachend)*. Du scheinst vor deiner Frau ein bisschen Angst zu haben, Sergej?

BASSOW *(seufzend)*. Ach, Unsinn ... Sie ist ... ein guter Mensch!

SCHALIMOW *(lächelnd)*. Warum sagst du das denn so traurig?

BASSOW *(halblaut, zu Suslow hinübernickend)*. Er ist eifersüchtig ... auf meinen Gehilfen ... Verstehst du? Aber seine Frau – achte mal drauf – ist eine äußerst interessante Frau!

(Im Hintergrunde der Lichtung gehen Sonja und Simin vorüber.)

SCHALIMOW. Ja? Na, wir werden sehen ... obwohl diese Marja Lwowna einem ganz die Lust nimmt, die hiesigen Frauen näher kennenzulernen, muss ich schon sagen!

BASSOW. Diese, mein Bester, ist ein völlig anderer Stil. Diese ist ... oh! Du wirst schon sehen ... *(Pause.)* Aber du hast schon lange nichts mehr veröffentlicht, Jakow. Schreibst du irgendwas Großes?

SCHALIMOW *(brummig)*. Nichts schreibe ich ... geradeheraus gesagt. Ja! Wie zum Teufel soll man auch schreiben, wenn man nicht das Geringste mehr versteht? Die Menschen sind alle irgendwie verworren, aalglatt und nicht zu greifen ...

BASSOW. Aber dann schreib es doch auch so hin. Ich verstehe nicht das Geringste mehr! Die Hauptsache, Bruder, beim Schriftsteller ist die Aufrichtigkeit!

SCHALIMOW. Danke für den Rat! … Die Aufrichtigkeit … nicht darum geht es, mein Freund! Wäre ich aufrichtig, dann könnte ich wohl nur das eine tun: die Feder wegwerfen und wie Diokletian Kohl anbauen. *(Hinter der Ecke des Bassow'schen Sommerhauses singen Bettler leise: »Wohltäter und Ernährer, gebt uns, um Christi Willen, der Eltern eingedenk, eine milde Gabe zum Feiertag des Herrn!« Hinter der Kulisse hervor erscheint Pustobaika, um die Bettler zu verjagen.)* Doch man muss was zu essen haben, also muss man schreiben. Aber für wen? Das verstehe ich nicht … Man muss sich seinen Leser deutlich vorstellen können. Wie ist er? Wer ist er? Vor fünf Jahren war ich überzeugt, den Leser zu kennen … zu wissen, was er von mir will … Und plötzlich habe ich ihn, ohne es zu merken, verloren … Ja, verloren. Das ist das Drama, verstehst du! Jetzt heißt es, es gäbe heute einen neuen Leser … Wer ist er?

BASSOW. Ich verstehe dich nicht … Was heißt das – den Leser verlieren? Und ich … und wir alle – die Intelligenz des Landes –, sind wir nicht Leser? Verstehe ich nicht … Wie kann man uns denn verlieren? Wie?

SCHALIMOW *(nachdenklich).* Natürlich … die Intelligenz … von der spreche ich nicht … ja … Aber es gibt da noch … diesen … neuen Leser.

BASSOW *(schüttelt den Kopf).* Ja? Verstehe ich nicht!

SCHALIMOW. Ich verstehe es auch nicht … aber ich fühle es. Da gehe ich auf der Straße und sehe irgendwelche Leute … Sie haben ganz besondere Gesichter … und Augen … Wenn ich sie so ansehe, fühle ich: die werden mich nicht lesen ... das interessiert sie nicht ... Im Winter hatte ich eine Lesung, und auch da ... ich bemerke, dass viele Augen mich anschauen, aufmerksam, ja, mit Neugier, aber das sind mir fremde Menschen, die mich nicht mögen. Die brauchen mich nicht ... wie die lateinische Sprache ... Für sie bin ich alt ... und alle meine Gedanken sind alt ... Und ich begreife nicht, wer sind sie? Wen lieben sie? Was brauchen sie?

BASSOW. Tja ... das ist interessant! Nur glaube ich, das sind die Nerven, was? Wenn du erst ein Weilchen bei uns gelebt, dich ausgeruht und beruhigt hast, wirst du auch deinen Leser wiederfinden ... Die Hauptsache im Leben ist, dass man sich in allem gelassen und aufmerksam verhält ... so denke ich ... Gehen wir hinein! Und dann, Jascha, ich habe eine Bitte an dich! Kannst du nicht ... so irgendwie ein bisschen den Pfau spielen?

SCHALIMOW *(erstaunt)*. Wa-as? Ich – einen Pfau? Weshalb denn das?

BASSOW *(geheimnisvoll)*. So, weißt du, Rad schlagen! Vor Warja ... vor meiner Frau ... zerstreu sie ... interessier sie ein bisschen ... du, als mein Freund ...

SCHALIMOW *(nach einigem Zögern)*. Das heißt, ich soll die Rolle eines Blitzableiters spielen? Du ... Kauz! Also gut, meinetwegen!

BASSOW. Aber nein, versteh mich nicht falsch ... sie ist lieb! Nur, weißt du, scheint sie sich nach etwas zu sehnen ... Alle sehnen sich heute nach etwas ... immer irgendwelche Stimmungen ... sonderbare Gespräche, überhaupt, immer ein Theater! Bist du eigentlich verheiratet? Das heißt, ich habe gehört, dass du dich hast scheiden lassen.

SCHALIMOW. Ja, und habe aufs Neue geheiratet und mich aufs Neue scheiden lassen ... Es ist schwer, sag ich dir, in einer Frau einen Kameraden zu finden.

BASSOW. Tja! Das stimmt! Das stimmt, mein Freund ... *(Sie gehen ab ins Haus. Eine Dame im gelben Kleid und ein junger Mann im karierten Anzug kommen aus dem Wald.)*

DIE DAME. Ist noch niemand da? Und dabei war sechs Uhr angesetzt ... Wie finden Sie das?

DER JUNGE MANN. Ich bin an und für sich ein Held ...

DIE DAME. Stellen Sie sich vor! Das habe ich mir schon gedacht ...

DER JUNGE MANN. Ja, ich bin ein Held ... Und er gibt mir komische Rollen! Das ist doch ungeschickt, finden Sie nicht!

DIE DAME. Sie heben alles Gute für sich selber auf ... *(Sie wenden sich nach rechts in den Wald. Von der anderen Seite kommen Sonja und Simin. Im Hintergrund der Bühne geht Suslow langsam in die Richtung seines Sommerhauses.)*

SIMIN *(mit gedämpfter Stimme)*. Nun, ich werde da nicht hingehen, Sonja ... Ja ... ich fahre also morgen ...

SONJA *(ebenso)*. Gut ... fahr! Aber sei vorsichtig, Max, ich bitte dich darum!

SIMIN *(nimmt ihre Hand)*. Und du auch ... bitte!

SONJA. Also, auf Wiedersehen! In etwa drei Wochen sehen wir uns wieder ... eher nicht?

SIMIN. Nein, eher nicht ... Auf Wiedersehen, liebe Sonja! Du wirst inzwischen doch nicht ... *(Er wird verlegen und schweigt.)*

SONJA. Was?

SIMIN. Nur so ... Dummheiten! Auf Wiedersehen, Sonja ...

SONJA *(hält seine Hand fest).* Nein, sag ... was werde ich inzwischen nicht?

SIMIN *(leise, mit gesenktem Kopf).* Heiraten ...

SONJA. So darfst du nicht reden, Maxim ... und auch nicht denken! Hörst du? Das ist dumm ... und vielleicht sogar abscheulich, Maxim ... verstehst du?

SIMIN. Lass ... Sei mir nicht böse! Verzeih ... Da kommen einem irgendwie gegen den eigenen Willen allerlei verrückte Gedanken in den Kopf ... Man sagt, der Mensch sei nicht Herr seiner Gefühle ...

SONJA *(hitzig).* Das ist nicht wahr! Das ist eine Lüge, Maxim! Ich will, dass du es weißt: das ist eine Lüge ... Das haben sich die Menschen zur Rechtfertigung ihrer Schwäche ausgedacht, vergiss das nicht, Maxim, ich glaube nicht daran! Geh! ...

SIMIN *(drückt ihre Hand).* Gut! Ich werde daran denken, Sonja, das werde ich! Und nun auf Wiedersehen, meine Liebe!

(Simin verschwindet rasch hinter der Ecke des Sommerhauses. Sonja blickt ihm nach und geht langsam auf die Terrasse, dann ins Haus. Von rechts, aus dem Wald, kommen Dudakow, Wlas und Marja Lwowna, danach Dwojetotschije. Marja Lwowna setzt sich auf die Bank, Dwojetotschije neben sie. Er gähnt.)

DUDAKOW. Die Menschen sind leichtsinnig, aber das Leben ist schwer ... warum?

WLAS. Das entzieht sich meiner Kenntnis, Doktor! Ich fahre fort: Ja, also, mein Vater war Koch und ein Mann mit Phantasie, der mich grausam liebte und überall mit sich herumschleppte wie seine Tabakspfeife. Ich lief ihm mehrmals davon zu meiner Mutter, er tauchte jedoch jedes Mal bei ihr in der Wäscherei auf, verprügelte alle, die ihm in die Hände gerieten, und führte mich aufs Neue in die Gefangenschaft ab. Der verhängnisvolle Gedanke, sich meiner Erziehung zu widmen, kam ihm, als er bei einem Bischof arbeitete ... Deshalb kam ich in ein geistliches Seminar. Aber nach wenigen Monaten wechselte mein Vater zu einem Ingenieur hinüber, und ich landete in einer Eisenbahnerschule ... Ein Jahr später besuchte ich bereits eine Landwirtschaftsschule, weil mein Vater in den Dienst des Vorsitzenden der Landverwaltung getreten war. Eine Schule für Malerei und eine Handelsschule haben auch die Ehre gehabt, mich in ihren Mauern zu sehen. Kurz gesagt – ich war mit siebzehn Jahren von einem solchen Widerwillen gegen die Wissenschaften erfüllt, dass es mir völlig unmöglich war, irgendetwas zu lernen, und sei es Karten zu spielen oder Tabak zu rauchen. Warum schauen Sie mich so an, Marja Lwowna?

MARJA LWOWNA *(nachdenklich)*. Traurig ist das alles ...

WLAS. Traurig? Aber das ist doch Vergangenheit!

EINE FRAU MIT VERBUNDENER WANGE. Meine Herrschaften, haben Sie Schenitschka nicht gesehen? So einen kleinen Jungen ... ist er nicht hier vorbeigelaufen? Mit Strohhut ... semmelblond ...

MARJA LWOWNA. Nein, wir haben niemanden gesehen.

DIE FRAU. Ach ... du meine Güte! Es ist der Junge der Herrschaften Rosow! So ein munterer ... nein?

WLAS. Nein, Tantchen, wir haben ihn nicht gesehen ...

(Die Frau murmelt etwas und läuft in den Wald.)

DWOJETOTSCHIJE. Aber Sie, Herr Tschernow, Sie … verstehen Sie …

WLAS. Was? Ich verstehe nicht.

DWOJETOTSCHIJE. Sie gefallen mir!

WLAS. Nanu?

DWOJETOTSCHIJE. Wirklich …

WLAS. Freut mich … für Sie! …
(Dwojetotschije lacht schallend.)

DUDAKOW. Sie werden es schwer haben, Wlas! …

WLAS. Wann?

DUDAKOW. Überhaupt … immer …

DWOJETOTSCHIJE. Natürlich wird er es schwer haben …, weil er ein aufrechter Mensch ist …, und weil es jeden reizt, mal zu probieren, ob er sich doch noch beugt, verstehen Sie?

WLAS. Wird man ja sehen! Zunächst aber gehen wir Tee trinken, ja? Bei uns trinkt man sicher schon welchen …

DUDAKOW. Das ist eine gute Sache!

DWOJETOTSCHIJE. Ich würde ja mitkommen … Aber ist das denn angebracht?

WLAS. Sehr angebracht, Großväterchen! Ich geh voran …
(Er eilt ins Sommerhaus, die anderen folgen ihm langsam.)

DWOJETOTSCHIJE. Ein angenehmer Bursche …

MARJA LWOWNA. Ja, nett, nur macht er allzu viel Faxen …

DWOJETOTSCHIJE. Hat nichts zu sagen! Das gibt sich! Er ist, wissen Sie, ehrlich im Inneren … Gewöhnlich ist die Ehrlichkeit bei den Menschen irgendwo außen angebracht, wie die Krawatte etwa … Meist behauptet der Mensch von sich selbst: Ich bin ehrlich, ich bin ehrlich! Wenn aber, verstehen Sie, ein Mädchen von sich sagt:

Ach, ich bin Jungfer, ach, ich bin Jungfer! – dann ist das ein sicheres Zeichen für mich, dass sie längst ein »Dämchen« ist … Haha! Sie entschuldigen mich, Marja Lwowna …

MARJA LWOWNA. Was kann man Ihnen schon übelnehmen! …

(Sie betreten die Terrasse und gehen ins Haus. Suslow begegnet ihnen beim Herausgehen.)

DWOJETOTSCHIJE. Wohin, Pjotr?

SUSLOW. Nur so an die Luft … eine Zigarette rauchen …

(Suslow geht langsam zu seinem Sommerhaus. Ihm stürzt die Frau mit der verbundenen Wange entgegen. Aus dem Wald kommt ein Herr mit Zylinder, bleibt stehen und zuckt mit den Achseln.)

DIE FRAU MIT DER VERBUNDENEN WANGE. Mein Herr, haben Sie nicht einen kleinen Jungen gesehen? Den Koletschka … nicht doch, den Schenitschka? In einem kurzen Jäckchen?

SUSLOW *(mit gedämpfter Stimme)*. Nein … geh weg! *(Die Frau eilt davon.)*

DER HERR *(mit einer eleganten Verbeugung)*. Mein gnädiger Herr, entschuldigen Sie … suchen Sie nicht mich?

SUSLOW *(verständnislos)*. Ich suche niemanden, diese Frau sucht jemanden.

DER HERR. Sehen Sie … ich bin gebeten worden, die Hauptrolle in einem Stück zu übernehmen.

SUSLOW *(im Gehen)*. Das betrifft mich nicht.

DER HERR *(gekränkt)*. Gestatten Sie mal … wen betrifft es denn? Wo steckt denn bloß der Regisseur? Ich laufe seit zwei Stunden herum und suche ihn … Ist einfach weggegangen … der Flegel!

(Er geht auf die Bühne zu und verschwindet hinter ihr, Olga Alexejewna kommt auf dem Weg vom Sommerhause Suslows.)

OLGA ALEXEJEWNA. Guten Tag, Pjotr Iwanowitsch!

SUSLOW. Ah ... guten Abend! ... Wie schwül es ist! ...

OLGA ALEXEJEWNA. Schwül? Finde ich nicht ...

SUSLOW *(sich eine Zigarette ansteckend).* Und ich kriege keine Luft ... Hier irren irgendwelche halb Verrückte umher und suchen nach Jungen, nach Regisseuren ...

OLGA ALEXEJEWNA. Ja, ja ... Sie sind wohl übermüdet? Ihre Hände zittern?

SUSLOW *(wendet sich mit ihr zurück zum Sommerhause der Bassows).* Das ist ... ich habe gestern viel getrunken und schlecht geschlafen ...

OLGA ALEXEJEWNA. Warum trinken Sie?

SUSLOW. Um fröhlicher zu leben ...

OLGA ALEXEJEWNA. Haben Sie meinen Mann nicht getroffen?

SUSLOW. Er trinkt bei Bassows Tee ...

WARWARA MICHAILOWNA *(auf der Terrasse erscheinend).* Willst du zu mir, Olga?

OLGA ALEXEJEWNA. Ich gehe spazieren ...

WARWARA MICHAILOWNA. Und warum sind Sie weggegangen, Pjotr Iwanowitsch?

SUSLOW *(spöttisch lächelnd).* Ich gehe herum, wie immer ... Ich kann die Reden dieses Herrn Schriftstellers und der verehrten Marja Lwowna nicht mehr hören.

WARWARA MICHAILOWNA. Nein? Es interessiert Sie nicht? Ich für meinen Teil höre zu.

SUSLOW *(achselzuckend).* Wohl bekomm's ... Auf Wiedersehen vorerst ... *(Er geht zu seinem Sommerhaus.)*

OLGA ALEXEJEWNA *(mit gedämpfter Stimme).* Verstehst du, warum er so ist?

WARWARA MICHAILOWNA. Nein ... Ich will es auch gar nicht wissen. Gehen wir hinein?

OLGA ALEXEJEWNA. Setz dich ein bisschen zu mir, sie werden dort ohne dich auskommen.

WARWARA MICHAILOWNA. Sicher. Und du bist wieder verstimmt?

OLGA ALEXEJEWNA. Kann ich denn ruhig sein, Warja? Er kommt aus der Stadt, schaut einen Augenblick zu Hause herein und verschwindet ... Gib zu, das ist für mich nicht gerade erfreulich ...

WARWARA MICHAILOWNA. Er ist bei uns.

(Sie gehen langsam auf die Gruppe der Fichten zu.)

OLGA ALEXEJEWNA *(gereizt).* Er ist ständig auf der Flucht vor mir und den Kindern. Ich verstehe ja, er ist überarbeitet und muss sich ausruhen ... Aber auch ich bin schließlich müde ... Ach, wie müde! Ich kann nichts mehr tun, nichts klappt bei mir ... das ärgert mich. Er darf nicht vergessen, dass ich ihm meine Jugend, all meine Kräfte geopfert habe.

WARWARA MICHAILOWNA *(weich).* Meine liebe Olga ... Mir scheint, du klagst ganz gerne ... Oder nicht? Irre ich mich?

(Aus dem Haus dringt das dumpfe Lärmen des Streits, es schwillt immer mehr an.)

OLGA ALEXEJEWNA. Ich weiß nicht ... mag sein! Ich will ihm sagen – am besten, ich fahre für eine Weile fort ... mit den Kindern ...

WARWARA MICHAILOWNA. Das ist es! Ihr müsst euch einfach einer vom anderen ausruhen ... Tu das, ich beschaffe dir das Geld.

OLGA ALEXEJEWNA. Ach, ich schulde dir ohnehin so viel!

WARWARA MICHAILOWNA. Das ist Unsinn! Beruhige dich, setzen wir uns hierher!

OLGA ALEXEJEWNA. Ich hasse mich dafür, dass ich ohne deine Hilfe nicht leben kann ... ich hasse mich! Glaubst du, es fällt mir leicht, Geld von dir anzunehmen ... das Geld deines Mannes? ... Man kann sich selbst nicht achten, wenn man nicht zu leben versteht ... sich sein Leben lang von jemandem helfen lassen, von jemandem unterstützen lassen muss ... Weißt du? Manchmal liebe ich sogar dich nicht ... hasse ich dich! Dafür, dass du so ruhig bist, immer nur über das Leben redest und urteilst, aber nicht lebst, nicht fühlst ...

WARWARA MICHAILOWNA. Meine Teure, ich verstehe eben, zu schweigen ... Klagen kann ich mir nicht leisten, das ist alles!

OLGA ALEXEJEWNA. Die, die anderen helfen, müssen die Menschen im Herzen verachten ... Ich würde gerne selber anderen helfen.

(Rjumin geht rasch vorüber zum Sommerhause der Bassows.)

WARWARA MICHAILOWNA. Um die Menschen zu verachten?

OLGA ALEXEJEWNA. Ja! Ja! Ich liebe sie nicht! Ich liebe Marja Lwowna nicht – warum urteilt sie so streng über alle anderen? Ich liebe Rjumin nicht – er philosophiert immer nur, aber er wagt nichts und kann nichts. Und auch deinen Mann liebe ich nicht: er ist weich geworden wie Teig, er fürchtet sich vor dir; ist das etwa richtig? Und dein Bruder ... ist in diese Moralpredigerin, diese boshafte Marja Lwowna verliebt ...

WARWARA MICHAILOWNA *(erstaunt, vorwurfsvoll).* Olga! Was ist mit dir? Das ist nicht recht. Hör mal …

OLGA ALEXEJEWNA. Meinetwegen, nicht gut! Und diese stolze Kaleria! Redet von Schönheit … und möchte in Wirklichkeit einfach nur heiraten!

WARWARA MICHAILOWNA *(streng und kühl).* Olga! Du darfst diesem Gefühl nicht nachgeben … es wird dich in eine so finstere Ecke drängen …

OLGA ALEXEJEWNA *(nicht laut, aber kräftig und böse).* Das ist mir alles einerlei! … Mir ist es gleich, wohin es mich führen wird, wenn ich nur dieser langweiligen Quälerei entkomme! Ich will leben! Ich bin nicht schlechter als die anderen! Ich sehe alles, ich bin nicht dumm … Ich sehe, dass auch du … oh, ich verstehe! … Du hast ein angenehmes Leben. Ja, dein Mann ist reich … und mit den Geschäften nimmt er es nicht so genau, dein Mann … das sagen alle über ihn. Du musst das wissen! … Und auch du selbst … Du hast es irgendwie einzurichten gewusst, dass du keine Kinder hast …

WARWARA MICHAILOWNA *(steht langsam auf und blickt Olga mit erstaunten Augen ins Gesicht).* Einzurichten gewusst? Du … was willst du damit sagen? …

OLGA ALEXEJEWNA *(verlegen).* Ich meine nichts Besonderes … ich wollte damit nur sagen … mein Mann hat mir erzählt, dass viele Frauen keine Kinder wollen …

WARWARA MICHAILOWNA. Ich verstehe dich nicht, aber ich fühle, dass du mich irgendeiner Abscheulichkeit verdächtigst … Was es ist, will ich nicht wissen …

OLGA ALEXEJEWNA. Warja, sprich nicht so, sieh mich nicht so an … Es stimmt nun einmal, dass dein Mann … dass man Schlechtes von ihm erzählt …

WARWARA MICHAILOWNA *(die zusammenzuckt, nachdenklich).* Du warst für mich wie eine Verwandte, Olga … Wenn ich nicht wüsste, wie schwer du es hast … mich nicht erinnern würde, wie wir beide einstmals von einem völlig anderen Leben geträumt haben …

OLGA ALEXEJEWNA *(ehrlich).* Also verzeih mir … verzeih! Ich bin boshaft …

WARWARA MICHAILOWNA. Wir haben von einem schönen, strahlenden Leben geträumt und diese Träume gemeinsam begraben … Es tut mir sehr weh, Olga … Wolltest du das? Es tut mir weh.

OLGA ALEXEJEWNA. Sprich nicht … spricht nicht so, Warja! …

WARWARA MICHAILOWNA. Ich werde gehen … *(Olga Alexejewna steht auf.)* Nein! Gehe nicht hinter mir her … es ist nicht nötig …

OLGA ALEXEJEWNA. Ist das … für immer … Warja? … Für immer? …

WARWARA MICHAILOWNA. Schweig still … Warte ab … Ich verstehe nicht, warum du mich so …

(Dwojetotschije kommt rasch von der Terrasse herunter, lacht schallend, tritt auf Warwara Michailowna zu und nimmt ihre Hand.)

DWOJETOTSCHIJE. Ich bin einfach geflüchtet, hübsche Frau! Dieser hübsche Philosoph, der Herr Rjumin, hat mich völlig in die Enge getrieben! Von all diesen Weisheiten habe ich keine Ahnung und kann ihm also auch nichts entgegensetzen … Ich blieb in seinen Reden stecken … wie eine Küchenschabe im Sirup … So bin ich eben geflüchtet, hol ihn der und jener! … Da diskutiere ich lieber mit Ihnen … Sie gefallen mir altem Waldschrat denn doch zu gut, nein, wirklich! Aber warum ist ihr liebes Gesicht so ... gleichsam umgestülpt? *(Er blickt zu Olga Alexejewna. Dann räuspert er sich verlegen.)*

OLGA ALEXEJEWNA *(sanft)*. Soll ich gehen, Warja?

WARWARA MICHAILOWNA *(fest)*. Ja ... *(Olga Alexejewna entfernt sich rasch in den Hintergrund der Bühne, Warwara Michailowna blickt ihr nach und wendet sich an Dwojetotschije.)* Sie sagten ... was haben Sie gesagt? Entschuldigen Sie ... ich ...

DWOJETOTSCHIJE *(freundschaftlich, einfach)*. Ach, meine Gnädige! Da schaue ich Sie an: gut haben Sie es hier nicht, verstehen Sie? Nicht wahr? *(Er lacht schallend.)*

WARWARA MICHAILOWNA *(ihn von Kopf bis Fuß betrachtend, ruhig und gleichmäßig)*. Hören Sie zu, Semjon Semjonowitsch, würden Sie mir bitte erklären, wer Ihnen das Recht gibt ... in diesem sonderbaren Ton mit mir zu reden?

DWOJETOTSCHIJE. Hohoho! Ach! Hören Sie auf! Dieses Recht geben mir mein Alter und ... meine Erfahrungen ...

WARWARA MICHAILOWNA. Entschuldigen Sie ... aber mir scheint ... das reicht nicht aus, um sich so ungeniert in Angelegenheiten anderer einzumischen ...

DWOJETOTSCHIJE *(gutmütig)*. Ich mische mich in gar nichts ein, ich sehe nur – Sie sind hier allen fremd ... genauso wie ich ... na also, und da ... verstehen Sie ... wollte ich Ihnen etwas sagen ... was ich aber wohl nicht gekonnt habe ... entschuldigen Sie, wenn das so ist ...

WARWARA MICHAILOWNA *(spöttisch lächelnd)*. Auch ich bitte um Entschuldigung ... ich glaube, ich bin grob zu

Ihnen gewesen … aber ich war wirklich erstaunt, ich bin ein solches Verhalten nicht gewöhnt.

DWOJETOTSCHIJE. Ich verstehe … Ich sehe, dass Sie es nicht gewöhnt sind … Wie könnten Sie auch daran gewöhnt sein! Kommen Sie, gehen wir ein bisschen spazieren, ja? Erweisen Sie einem alten Mann die Ehre! *(Semjonow jagt auf einem Fahrrad herbei und rollt unmittelbar Dwojetotschije vor die Füße.)*

DWOJETOTSCHIJE *(erschrocken).* Wo wollen Sie hin, mein Herr? Was machen Sie da?

SEMJONOW *(ringt nach Luft).* Entschuldigen Sie … ist es schon zu Ende? …

DWOJETOTSCHIJE. Was soll zu Ende sein? … Gott helfe Ihnen!

SEMJONOW. So ein Ärger … Der Reifen ist geplatzt! … Ich habe heute, wissen Sie, zwei Proben …

DWOJETOTSCHIJE. Und was geht mich das an?

SEMJONOW. Sie nehmen nicht teil? Entschuldigen Sie! Ich dachte, Sie sind geschminkt …

DWOJETOTSCHIJE *(zu Warwara Michailowna).* Was soll das?

WARWARA MICHAILOWNA *(zu Semjonow).* Sie wollen zur Probe?

SEMJONOW. Ja, und plötzlich …

WARWARA MICHAILOWNA. Es hat noch gar nicht angefangen.

SEMJONOW *(freudig).* Oh, ich danke Ihnen! Höchst ärgerlich … ich bin sonst immer so pünktlich!

DWOJETOTSCHIJE. Wieso ist Ihnen das denn ärgerlich?

SEMJONOW *(liebenswürdig).* Ich meine, es wäre ärgerlich gewesen, wenn ich mich verspätet hätte … Ich bitte um

Entschuldigung! *(Er zieht sich unter Verbeugungen zu der Bühne zurück.)*

DWOJETOTSCHIJE. Was für ein merkwürdiges Insekt! Reißt einen bald um ... Und da soll man sich freuen! Gehen wir lieber weg von hier, Warwara Michailowna, sonst kommt womöglich noch so ein Taugenichts!

WARWARA MICHAILOWNA *(zerstreut).* Gehen wir ... ich hole nur mein Tuch ... ich bin gleich wieder da.

(Sie geht ins Sommerhaus. Semjonow tritt auf Dwojetotschije zu.)

SEMJONOW. Da kommen noch welche auf Rädern ... zwei Fräulein und ein Fähnrich ...

DWOJETOTSCHIJE. Ach was? Auf Rädern? Sehr erfreut, das zu hören ...

SEMJONOW. Sie müssen jeden Augenblick da sein ... Wissen Sie, es handelt sich um jenen Fähnrich, dessen Schwester sich erschossen hat ...

DWOJETOTSCHIJE. Ebenden ... Was Sie nicht sagen! ...

SEMJONOW. Was für ein sensationeller Vorfall, nicht wahr? ... Ein Fräulein und – erschießt sich plötzlich.

DWOJETOTSCHIJE. Tja ... Tatsächlich .... so ein Vorfall ...

SEMJONOW. Und ich habe geglaubt, Sie sind geschminkt ... Sie haben ein Gesicht und Haare, als wäre alles Schminke.

DWOJETOTSCHIJE. Ergebensten Dank ...

SEMJONOW. Ich will Ihnen nicht schmeicheln ... glauben Sie mir!

DWOJETOTSCHIJE. Ich glaube Ihnen ... Nur verstehe ich nicht ... was daran ... Schmeichelhaftes ist?

SEMJONOW. Ich bitte Sie! Wenn ein Mensch geschminkt ist, sieht er immer besser aus als in Natur. Sagen Sie, sind Sie vielleicht der Bühnenbildner, ja?

(Aus dem Wald kommt Suslow, im Hintergrund der Bühne erscheinen die Dame in Gelb und der junge Mann im karierten Anzug.)

DWOJETOTSCHIJE. Nein ... ich bin nur der Onkel jenes Herrn dort ...

DIE DAME IN GELB. Herr Sasanow!

SEMJONOW. Man ruft mich! Sonderbar, wissen Sie ... Ich habe einen so einfachen Familiennamen, und niemand kann ihn behalten ... Auf Wiedersehen! *(Er folgt dem Ruf der Dame, wobei er sich mehrmals lebhaft vor ihr verneigt.)*

SUSLOW *(herantretend)*. Haben Sie meine Frau gesehen? *(Dwojetotschije schüttelt verneinend den Kopf und atmet erleichtert auf.)* Im Hause sind diese ... Schauspieler versammelt ...

DWOJETOTSCHIJE. Auch an mich hatte sich diese Klette gehängt ... und mich als Bühnenbildner bezeichnet ... Ein dünnbeiniger Spinoza! Und so was nimmt Platz weg auf dieser Erde! ... Sie streiten sich wieder! Na! *(Aus dem Bassow'schen Sommerhaus kommen Kaleria, Schalimow, Rjumin und Warwara Michailowna. Dwojetotschije geht ihnen entgegen und hört dem Streitgespräch aufmerksam zu. Suslow setzt sich auf seinen Platz und blickt verdrießlich auf die Streitenden.)*

SCHALIMOW *(erschöpft)*. Nein, ich bin bereit, zum Nordpol vor ihr zu fliehen ... so unerträglich hitzig ist sie!

RJUMIN. Ich bin regelrecht empört über ihren Despotismus. Menschen dieses Typs sind auf verbrecherische Art unduldsam ... Wieso bilden sie sich ein, dass alle ihren Glauben annehmen müssen?

WARWARA MICHAILOWNA *(blickt alle durchdringend an)*.

Zeigen Sie ihnen etwas Größeres und Schöneres als diesen Glauben!

KALERIA. Du nennst sie etwas Großes und Schönes, diese kalten, jeglicher Poesie entbehrenden Träume von der allgemeinen Sattheit?

WARWARA MICHAILOWNA *(erregt).* Ich kenne nichts ... sehe nichts Helleres ... *(Schalimow hört Warwara Michailowna immer aufmerksamer zu.)* Ich kann nicht gut sprechen ... aber im Herzen, Herrschaften, fühle ich: es ist notwendig, es ist unerlässlich, in den Menschen das Bewusstsein ihrer Würde zu wecken, in allen Menschen ... in allen! Dann wird keiner von uns den anderen beleidigen ... Wir sind doch unfähig, den Menschen zu achten, und das ist so schmerzlich ... so bedauerlich ...

KALERIA. Ach, du lieber Gott! Aber doch nicht ausgerechnet Marja Lwowna kann uns das lehren!

WARWARA MICHAILOWNA. Ihr seid ihr alle so feindlich gesonnen ... Weshalb?

RJUMIN. Feindlich gesonnen ist vor allem sie selbst. Sie reizt einfach ... Wenn ich höre, wie die Menschen bestimmen, was der Sinn des Lebens ist, dann ist mir, als schließe mich jemand Rohes und Starkes in seine harten Arme, um mich zum Krüppel zu pressen ...

KALERIA. Wie schwer, wie beengend es ist, unter solchen Menschen zu leben!

WARWARA MICHAILOWNA. Und lebt es sich leichter, fröhlicher unter Menschen, die sich ständig über das Leben beklagen, Kaleria? Seien wir doch gerecht ... lebt es sich leicht und frei unter Menschen, die nur stöhnen, nur von sich selber schreien, das Leben mit Klagen erfüllen und weiter nichts, aber auch gar nichts zu ihm beitragen? … Was tragen wir alle zum Leben bei … Sie, ich, du? …

RJUMIN. Und sie? … Und Marja Lwowna? Feindseligkeit?

KALERIA. Vergessene Worte sind vergessen, und gut so! Lebende Menschen können nicht vom Vermächtnis der Toten leben.

(Vor der Bühne versammeln sich die Liebhaber der dramatischen Kunst. Pustobaika stellt auf der Bühne Stühle auf.)

DWOJETOTSCHIJE. Aber Sie sollten sich nicht so aufregen, Warwara Michailowna, was? Beenden wir doch dieses nette Gespräch, ja? Gehen wir spazieren … Sie haben es mir versprochen.

WARWARA MICHAILOWNA. Ja … ich werde gehen! Ich kann nicht ausdrücken, was ich fühle … was ich will … Ich kann es nicht! Wie ärgerlich … geistig stumm zu sein …

SCHALIMOW. Ich bezeuge, dass das nicht wahr ist … Erlauben Sie, dass ich mitkomme?

WARWARA MICHAILOWNA. Bitte, kommen Sie …

DWOJETOTSCHIJE. Gehen wir zum Flüsschen … in die Laube! Warum erhitzen Sie sich so, meine Gnädige?

WARWARA MICHAILOWNA. Ach … ich fühle da irgendein schwerwiegendes Missverständnis.

(Sie entfernen sich auf dem Weg in den Wald. Suslow blickt ihnen mit spöttischem Lächeln nach.)

RJUMIN *(folgt ihnen mit dem Blick)*. Wie sie aufgeblüht ist, seit dieser … Schalimow hier ist … Wie sie spricht! Und dabei – was stellt er schon dar? Sie muss doch merken, dass er nicht mehr schreiben kann, dass er den Boden unter den Füßen verloren hat … und sich selber belügt und den anderen etwas vormacht, wenn er selbstsicher redet!

KALERIA. Sie weiß es; gestern Abend nach der Unterhaltung mit ihm hat sie geweint wie ein enttäuschtes Kind ... Ja ... Von weitem erschien er ihr stark und kühn, sie hat erwartet, er werde in ihr leeres Dasein etwas Neues, Interessantes bringen ...

(Hinter der Ecke des Bassow'schen Sommerhauses kommen Samyslow und Julia Filippowna hervor. Er flüstert ihr etwas zu, sie lacht. Suslow sieht es.)

RJUMIN. Gehen wir hinein! Bitte, spielen Sie etwas ... ich sehne mich nach Musik ...

KALERIA. Gehen wir ... Ja, das Leben ist traurig, wenn alles ringsum so ...

JULIA FILIPPOWNA. Sehen Sie, unsere Schauspieler sind schon da! Die Probe war für sechs Uhr angesetzt, und wie spät ist es jetzt?

SAMYSLOW. Halb acht. Aber früher kamen nur Sie zu spät, und neuerdings tun es alle. Die Früchte Ihres Einflusses.

JULIA FILIPPOWNA. Ist das eine Frechheit? ...

SAMYSLOW. Nein, ein Kompliment. Ich schaue einen Augenblick beim Prinzipal herein. Erlauben Sie?

JULIA FILIPPOWNA. Ja, aber machen Sie schnell!

(Samyslow wendet sich zum Sommerhaus der Bassows, Julia Filippowna zur Baumgruppe; sie summt etwas vor sich hin und erblickt ihren Mann.)

SUSLOW. Na, wo warst du?

JULIA FILIPPOWNA. Mal da ... mal dort ...

(Vor der Bühne die Dame in Gelb, der junge Mann, Semjonow, der Fähnrich und zwei Fräulein. Auf der Bühne stellt Pustobaika polternd einen Tisch hin.

Gelächter, einzelne Ausrufe: »Herrschaften!« – »Wo steckt denn der Regisseur?« – »Herr Stepanow!« – »Er ist hier, ich habe ihn gesehen!« – »Wir schaffen es nicht mehr in die Stadt!« – »Entschuldigen Sie – nicht Stepanow, sondern Semjonow!«)

SUSLOW. Also immer mit ihm? ... Mit diesem ... Und so offen ... Wie kannst du nur damit Aufsehen erregen wollen, Julia? Die Leute lachen schon über mich. Verstehst du?

JULIA FILIPPOWNA. Sie lachen schon? ... Das ist schlimm ...

SUSLOW. Wir müssen uns aussprechen ... Ich kann dir nicht gestatten ...

JULIA FILIPPOWNA. Die Rolle der Frau eines Mannes zu spielen, über den man lacht, scheint mir nicht verlockend ...

SUSLOW. Nimm dich in Acht, Julia! ... Ich bin imstande ...

JULIA FILIPPOWNA. Grob wie ein Droschkenkutscher zu werden? Ich weiß ...

SUSLOW. Ich verbitte mir diesen Ton! Liederliches Frauenzimmer!

JULIA FILIPPOWNA *(mit gedämpfter Stimme, ruhig).* Diesen Auftritt spielen wir zu Hause zu Ende. Es kommt jemand ... Du solltest gehen ... Du hast ein Gesicht ... *(Sie schüttelt sich angewidert, Suslow macht einen Schritt auf sie zu, weicht aber dann rasch zurück und verschwindet in den Wald, wobei er die folgende Replik durch die Zähne murmelt.)*

SUSLOW. Eines Tages ... erschieße ich dich! ...

JULIA FILIPPOWNA *(hinter ihm her).* Aber doch nicht heute? Nein? *(Sie summt vor sich hin.)* »Der schon ermattete

Tag …« *(Ihre Stimme zittert.)* »… In die purpurnen Wasser versinkt …«

(Sie starrt mit weit geöffneten Augen vor sich hin und senkt langsam den Kopf. Aus Bassows Sommerhaus kommen die sehr erregte Marja Lwowna, Dudakow und Bassow mit Angeln.)

BASSOW *(die Angelschnur entwirrend).* Verehrteste … Man muss weicher, gütiger sein … wir sind alle nur Menschen … Hol der Teufel den, der meine Angelschnüre durcheinandergebracht hat! …

MARJA LWOWNA. Erlauben Sie!

DUDAKOW. Der Mensch, sehen Sie, ermüdet …

BASSOW. So geht es doch nicht, Verehrteste! Aus Ihren Worten ergibt sich: wenn einer schon Schriftsteller ist, dann hat er unbedingt so eine Art … Held zu sein, nicht wahr? Das kommt, wissen Sie, nicht jedem Schriftsteller gelegen.

MARJA LWOWNA. Wir müssen unsere Forderungen an das Leben und die Menschen dauernd steigern.

BASSOW. Das ist richtig … steigern – ja! Aber in den Grenzen des Möglichen … Alles vollendet sich allmählich … Evolution! Evolution! Das darf man nicht vergessen!

MARJA LWOWNA. Ich verlange nichts … Unmögliches … Aber wir leben in einem Lande, in dem nur der Schriftsteller der Verkünder der Wahrheit, der unvoreingenommene Richter über die Laster seines Volkes und ein Kämpfer für dessen Interessen sein kann. Nur er kann das sein, und ebendas muss der russische Schriftsteller sein …

BASSOW. Nun ja, natürlich … und dennoch …

MARJA LWOWNA *(von der Terrasse herabsteigend).* Ich

kann an Ihrem Freund nichts davon entdecken, nein, kann ich nicht! Was will er? Was sucht er? Wo ist sein Hass? Wo seine Liebe? Seine Wahrheit? Wer ist er, mein Freund? Mein Feind? Ich verstehe das nicht … *(Sie geht rasch weg um die Ecke des Sommerhauses.)*

BASSOW *(entwirrt die Angelschnüre)*. Dieser … Feurigkeit wegen … verehre ich Sie, Marja Lwowna … Verschwunden? … Nein, sagen Sie mir doch, warum ereifert sie sich? Schon den Gymnasiasten ist bekannt, dass der Schriftsteller ehrlich sein und … nun ja und … für das Volk eintreten muss und so weiter, der Soldat dagegen tapfer und der Advokat klug zu sein hat … Aber nein, diese nicht zu bändigende Frau hämmert einem diese Gemeinplätze ein … Gehen wir, lieber Doktor, fangen wir einen Barsch! … Wer hat die Angelschnüre durcheinandergebracht? Teufel!

DUDAKOW. Ja-a … sie redet eine Menge und tut dabei auch noch klug … Die hat es leicht … hat ihre Praxis und braucht nicht viel.

BASSOW. Dieser Jaschka ist aber auch ein Filou! Haben Sie bemerkt, wie geschickt er ihr entglitt, wenn sie ihn in die Enge trieb? *(Er lacht.)* Schön, wie er spricht, wenn er in Stimmung kommt. Na, wenn auch schön … aber nach seiner ersten Frau, mit der er übrigens nur ein halbes Jahr zusammengelebt … und die er dann verlassen hat …

DUDAKOW. Das heißt, von der er sich getrennt hat, sagt man in solchen Fällen.

BASSOW. Also gut, sagen wir, getrennt hat … aber jetzt, wo sie gestorben ist, will er ihr Gütchen in seinen Besitz bringen. Fein, was?

DUDAKOW. N-na! Sehr unfein! Das ist überflüssig! …

BASSOW. Er findet es aber nicht überflüssig … mein lieber Doktor! Gehen wir zum Fluss …

DUDAKOW. Aber wissen Sie was? …

BASSOW. Was denn?

DUDAKOW *(nachdenklich, langsam).* Finden Sie es nicht seltsam, ich meine, wundert es Sie nicht, dass wir einander noch nicht zuwider sind, was?

BASSOW *(stehen bleibend).* Wa-as? Ist das Ihr Ernst?

DUDAKOW. Mein voller Ernst … Wir sind doch alle schrecklich leere Menschen … finden Sie nicht?

BASSOW *(im Gehen).* Nein, finde ich nicht … Ich bin gesund … ich bin überhaupt ein normaler Mensch, entschuldigen Sie schon …

DUDAKOW. Nein … Scherz beiseite …

BASSOW. Scherz? Hören Sie zu … Doktor, Sie sind wohl … mit einem Wort: Arzt, hilf dir selber! Nebenbei gefragt: Sie haben doch nicht die Absicht, mich ins Wasser zu stoßen? He?

DUDAKOW *(ernst, achselzuckend).* Weshalb denn?

BASSOW *(gehend).* So … ganz allgemein … eine seltsame Stimmung … haben Sie.

DUDAKOW *(finster).* Nicht leicht, sich ernsthaft mit Ihnen zu unterhalten …

BASSOW. Dann sprechen Sie eben nicht … es ist nicht nötig. Sie haben auch allzu originelle Vorstellungen von einer ernsthaften Unterhaltung … Dann sprechen wir lieber nicht ernsthaft!

(Bassow und Dudakow gehen ab. Von rechts kommen Sonja und Wlas heraus. Aus Bassows Sommerhaus tritt Samyslow und läuft eilig zur Bühne, wo er geräuschvoll

begrüßt wird. Um ihn versammelt sich eine dicht gedrängte Gruppe, der er etwas erklärt.)

SONJA. An Ihre Verse glaube ich nicht!

WLAS. Aber zu Unrecht … ich habe da begabte Sächelchen, zum Beispiel:

Das sind Ananas und Pfirsich, nur
Nicht für uns erschuf sie die Natur,
So starr doch nicht vergeblich, Wlas,
Auf den Pfirsich und die Ananas!

SONJA *(lachend).* Warum verausgaben Sie sich in Bagatellen? Warum versuchen Sie nicht, sich ernster zu nehmen?

WLAS *(leise, geheimnisvoll).* O hochweise Sophia, das habe ich versucht! Ich habe sogar ein Gedicht, das aus Anlass solcher Versuche entstanden ist. *(Er näselt leise zur Melodie von »Im Herbst an einem regnerischen Abend.«)*

Zu groß für eine kleine Sache,
Bin ich zu klein für das, was groß!

SONJA *(ernst).* Hören Sie auf! Ich fühle doch, dass Ihnen gar nicht nach Faxen zumute ist … Sagen Sie, wie möchten Sie gerne leben?

WLAS *(feurig).* Gut! Sehr gut möchte ich leben!

SONJA. Und was tun Sie nun dafür?

WLAS *(niedergeschlagen).* Nichts, nicht das Geringste tue ich!

MARJA LWOWNA *(aus dem Wald).* Sonja!

SONJA. Hier bin ich! Was willst du?

MARJA LWOWNA. Geh nach Hause … Du hast Besuch bekommen …

SONJA. Ich gehe … *(Marja Lwowna tritt dazu.)* Ich überantworte dir diesen Faxenmacher. Er redet lauter Unsinn und bedarf einer gehörigen Strafpredigt. *(Sie eilt davon.)*

WLAS *(demütig).* Also gut, fangen Sie an … Ihre Filia hat mir schon auf dem ganzen Weg vom Bahnhof bis hierher zugesetzt, aber ich atme noch.

MARJA LWOWNA *(sanft).* Mein Lieber! Wozu den Narren spielen? Wozu sich erniedrigen … Wem soll das nützen?

WLAS *(ohne sie anzublicken).* Das nütze nicht, sagen Sie … Aber niemand lacht, und ich will, dass die Menschen lachen … *(Plötzlich leidenschaftlich, einfach, ehrlich.)* Mir ist übel, Marja Lwowna, mich widert alles an … All diese Leute … ich liebe sie nicht … achte sie nicht: Sie sind jämmerlich und klein wie Mücken … Ich kann nicht ernsthaft mit ihnen sprechen … sie wecken in mir den hässlichen Wunsch, Grimassen zu schneiden, aber offener Grimassen zu schneiden als sie … Mein Kopf ist mit irgendwelchem Plunder vollgestopft … Ich möchte stöhnen, schimpfen, klagen … Ich glaube, ich werde anfangen, Wodka zu trinken, hol's der Teufel! Ich kann nicht, verstehe es nicht, unter ihnen anders zu leben als sie leben, und das macht mich zum Krüppel … Diese Plattheit vergiftet mich. Da sind sie … Hören Sie? Sie kommen! Ich blicke sie manchmal voller Entsetzen an … Gehen wir fort! Ich will, ich bin so begierig mit Ihnen zu sprechen! …

MARJA LWOWNA *(fasst ihn unter).* Wenn Sie wüssten, wie froh ich bin, Sie so zu sehen …

WLAS. Sie werden es nicht glauben – manchmal würde ich all diesen Leuten am liebsten etwas Böses, Schroffes, Beleidigendes zurufen …

(Sie gehen weg in den Wald. Von rechts kommen Schalimow, Julia Filippowna und Warwara Michailowna.)

SCHALIMOW. O weh! Schon wieder eine ernste Unterhaltung, haben Sie Erbarmen! Ich bin des Ernstes müde ... Ich will keine Philosophie – ich hab's satt. Lassen Sie mich ein vegetatives Leben führen und meine Nerven stärken ... Ich möchte spazieren gehen, den Damen den Hof machen ...

JULIA FILIPPOWNA. Sie wollen den Damen den Hof machen, ohne Ihre Nerven zu beunruhigen? Das muss originell sein ... Warum machen Sie denn mir nicht den Hof?

SCHALIMOW. Ich werde es mir nicht entgehen lassen, von Ihrer freundlichen Erlaubnis Gebrauch zu machen ...

JULIA FILIPPOWNA. Ich erlaube nichts, ich frage nur ...

SCHALIMOW. Ich werde Ihre Frage dennoch als liebenswürdige Erlaubnis betrachten.

JULIA FILIPPOWNA. Also gut, lassen wir das ... Beantworten Sie meine Frage ... aber ehrlich!

SCHALIMOW. Gestatten Sie: ich räume ein, dass die Freundschaft zwischen Mann und Frau möglich ist, halte sie aber nicht für beständig ... die Natur lässt sich nicht betrügen!

JULIA FILIPPOWNA. Mit anderen Worten – Sie räumen die Freundschaft nur als Präludium der Liebe ein?

SCHALIMOW. Die Liebe! ... Ich betrachte sie mit großem Ernst. Wenn ich eine Frau liebe, will ich sie hoch über die Erde erheben ... ihr Leben mit allen Blumen meines Fühlens und Denkens schmücken ...

SAMYSLOW *(neben der Bühne).* Julia Filippowna! Darf ich bitten?

JULIA FILIPPOWNA. Ich komme! Vorerst – auf Wiedersehen, Herr Blumenzüchter! Bringen Sie Ihr Gewächshaus in Ordnung ... *(Sie geht zu der Bühne.)*

SCHALIMOW *(unverzüglich).* Wie nett, wie lustig sie ist ... Warum sehen Sie mich so sonderbar an, Warwara Michailowna?

WARWARA MICHAILOWNA. Erstaunlich, wie Ihr Schnurrbart Sie kleidet ...

SCHALIMOW *(lächelnd).* Ja? Danke schön! Mein Ton gefällt Ihnen wohl nicht? Sie sind streng ... Aber in einem anderen Ton mit ihr zu sprechen ist irgendwie unangebracht ...

WARWARA MICHAILOWNA. Ich scheine die Fähigkeit, mich zu wundern, zu verlieren ...

SCHALIMOW. Ich verstehe – mich so zu sehen, mutet Sie sonderbar an? Nicht wahr? Aber man kann doch nicht so aufdringlich offen sein wie der hysterische Herr Rjumin ... Oh, Verzeihung! Ich glaube ... Sie sind mit ihm befreundet?

WARWARA MICHAILOWNA *(schüttelt verneinend den Kopf).* Ich habe keine Freunde ...

SCHALIMOW. Ich besitze zu viel Achtung vor meinem Seelenleben, um es vor jedem ..., der neugierig darauf ist, bloßzulegen. Die Pythagoreer teilten ihre Geheimnisse nur Auserwählten mit ...

WARWARA MICHAILOWNA. Jetzt wird der Schnurrbart in Ihrem Gesicht überflüssig!

SCHALIMOW. Ach was, der Schnurrbart! Lassen wir ihn in Frieden! Kennen Sie das Sprichwort – mit den Wölfen leben heißt mit den Wölfen heulen? Ich sage Ihnen, das ist kein schlechtes Sprichwort! Besonders für den, der den bitteren Kelch der Einsamkeit bis auf den Grund geleert hat ... Sie haben ihn offenbar noch nicht ganz ausgekostet ... und es fällt Ihnen schwer, einen Menschen zu verstehen, der ... Aber ich darf Sie nicht länger aufhalten ...

(Er verbeugt sich und geht auf die Bühne zu, wo das versammelte Publikum schweigend zusieht, wie Samyslow, ein Buch in der Hand, ebenfalls schweigend über die Bühne schleicht und Semjonow zeigt, wie er spielen muss. Bassow kommt, die Angeln in der Hand, eilig aus seinem Sommerhaus.)

BASSOW. Warja! Wie die Fische heute beißen! Erstaunlich! Selbst der Doktor hat, trotz all seiner Unfähigkeit, sogleich ... schwups ... so einen Barsch gefangen! Und der Onkel drei ... *(Er blickt sich um.)* Weißt du, Warja, ich bin auf dem Weg hierher, und plötzlich – stell dir vor! Dort neben der Laube unter der vertrockneten Kiefer kniet Wlas vor Marja Lwowna! Und küsst ihr die Hände! ... Wie findest du das? Meine Liebe, du musst mit ihm reden – er ist doch noch ein Bengel! Sie könnte seine Mutter sein!

WARWARA MICHAILOWNA *(mit gedämpfter Stimme).* Sergej, hör zu: Bitte sprich nicht darüber ... kein Wort, zu niemandem! Du verstehst das nicht! ... Du hast es falsch verstanden ... Ich fürchte, du erzählst es allen ... und das wäre schlimm – versteh mich!

BASSOW. Weshalb regst du dich auf? Gut, wenn ich nicht darüber sprechen soll, dann eben nicht! Aber wie ist das albern, was? Und Marja Lwowna ...

WARWARA MICHAILOWNA. Gib mir dein Ehrenwort, dass du's vergessen wirst! Gib mir dein Wort darauf!

BASSOW. Mein Ehrenwort? … Ich gebe es dir … Hol sie der Teufel! Aber erkläre mir …

WARWARA MICHAILOWNA. Ich kann nichts erklären … ich weiß nur, es ist nicht das, woran du denkst … es ist kein …

BASSOW. Aha! Nun ja! Keine Liebesgeschichte? Hm! Und was sonst, Warja? Schon gut, schon gut, ich bin ja still, reg dich nicht auf! Ich gehe Barsche angeln und habe nichts gesehen! Ach ja, warte! Weißt du, dieser Jaschka – ist das ein Rindvieh, was?

WARWARA MICHAILOWNA *(erschrocken)*. Was heißt das, Sergej? Was ist denn noch?

BASSOW. Warum nimmst du denn alles … so sonderbar auf? Das ist eine Geschichte ganz anderer Art …

WARWARA MICHAILOWNA *(nicht laut, mit Widerwillen)*. Hör zu … Ich will nichts wissen … versteh mich doch! Ich will nicht, Sergej!

BASSOW *(erstaunt, rasch)*. Aber es ist doch gar nichts Besonderes, du bist komisch … Was hast du denn? Er prozessiert nur um den hinterlassenen Grundbesitz mit der Schwester seiner verstorbenen Frau, mit der er …

WARWARA MICHAILOWNA *(verächtlich, zerquält)*. Ich bitte dich, schweig still! … Tu mir den Gefallen! Verstehst du denn nicht … sprich nicht, Sergej!

BASSOW *(gekränkt)*. Du musst etwas für deine Nerven tun, Warja! Entschuldige, aber dein Verhalten ist seltsam … und sogar kränkend … jawohl!

(Bassow geht rasch davon, Warwara Michailowna geht

langsam auf die Terrasse zu. Neben der Bühne Lärmen und Lachen.)

SAMYSLOW. Wächter! Wo ist die Laterne?

JULIA FILIPPOWNA. Herr Somow! Wo ist mein Rollenheft?

SEMJONOW. Semjonow, wenn Sie erlauben ...

JULIA FILIPPOWNA. Bitte sehr!

SAMYSLOW. Achtung, Herrschaften! Wir fangen an!

(Vorhang.)

Dritter Akt

Eine Lichtung im Wald. Im Hintergrunde haben sich unter den Bäumen, um einen Teppich, der mit Imbiss und Flaschen vollgestellt ist, Bassow, Dwojetotschije, Schalimow, Suslow und Samyslow niedergelassen; rechts von ihnen, mehr seitlich, ein großer Samowar; neben ihm wäscht Sascha Geschirr ab und liegt Pustobaika und raucht Pfeife, neben ihm Ruder, Körbe und ein eiserner Eimer. Im Vordergrund links ein halb auseinandergeworfener Heuhaufen und ein großer, mit den Wurzeln aus der Erde gerissener Baumstumpf. Im Heu sitzen Kaleria, Warwara Michailowna und Julia Filippowna. Bassow erzählt etwas mit leiser Stimme, die Männer hören ihm aufmerksam zu. Von rechts dringt dann und wann die Stimme Sonjas herüber; man hört das Klimpern einer Balalaika – jemand spielt Gitarre. Es wird Abend.

JULIA FILIPPOWNA. Langweilig ist unser Picknick!
KALERIA. Wie unser Leben.
WARWARA MICHAILOWNA. Die Männer sind vergnügt.
JULIA FILIPPOWNA. Sie haben viel getrunken und erzählen sich vermutlich unanständige Witze.
(Eine Pause. Sonja: »Nicht so ... langsamer!« Man hört das Klingen der Gitarre. Dwojetotschije lacht schallend.)
JULIA FILIPPOWNA. Auch ich habe etwas getrunken ..., aber das macht mich nicht fröhlicher, im Gegenteil ..., wenn ich ein Gläschen schweren Wein trinke, werde ich ernster ... das Leben erscheint mir schlimmer ... und ich verspüre das Bedürfnis, etwas Wahnwitziges zu tun ...
KALERIA *(nachdenklich)*. Alles ist verworren ... unklar ... und erschreckt einen ...

WARWARA MICHAILOWNA. Was erschreckt dich?

KALERIA. Die Menschen ... Sie sind alle so unzuverlässig ... Man kann niemandem trauen ...

WARWARA MICHAILOWNA. Ja. Genau. Unzuverlässig. Ich verstehe dich.

(Bassow mit armenischem Akzent: »Wozu, meine gute Seele? Ich fühle mich auch so vortrefflich.« Allgemeines Gelächter bei den Männern.)

KALERIA. Nein, du verstehst mich nicht. Und ich verstehe dich auch nicht. Keiner versteht den anderen ... und will ihn auch nicht verstehen ... Die Menschen treiben dahin wie Eisschollen auf dem kalten nordischen Meer ... und stoßen einander an.

(Dwojetotschije steht auf und geht nach rechts ab.)

JULIA FILIPPOWNA *(singt mit leiser Stimme).*

Der schon ermattete Tag
In die purpurnen Wasser versinkt ...

(Sobald Warwara Michailowna zu sprechen anfängt, hört Julia Filippowna auf zu singen und blickt ihr unverwandt ins Gesicht.)

WARWARA MICHAILOWNA. Das Leben gleicht einem Markt. Alle versuchen, einander zu betrügen, möglichst wenig zu geben und möglichst viel zu nehmen.

JULIA FILIPPOWNA.

In das Blau des Gewölbes dringt
Durchsichtiger Schatten, so sanft er vermag.

KALERIA. Wie müssen die Menschen sein ... damit es nicht so langweilig ist ... ihnen zuzusehen?

WARWARA MICHAILOWNA. Sie müssen ehrlicher sein! ... und mutiger ...

KALERIA. Auf jeden Fall sollten sie bestimmter sein,

Warja! Auf jeden Fall und in jeder Beziehung bestimmter!

JULIA FILIPPOWNA. Hört auf, zu räsonieren. Das ist nicht eben unterhaltsam. Singen wir lieber …

WARWARA MICHAILOWNA. Sie haben ein hübsches Duett gesungen, Julia Filippowna!

JULIA FILIPPOWNA. Ja, es ist hübsch … und rein! … Ich liebe alles Reine … Sie glauben es nicht? Doch, ich liebe es … Ich blicke gern auf alles Reine, ich … höre ihm gerne zu. *(Sie lacht.)*

KALERIA. Graue Erbitterung breitet sich in meiner Seele aus … grau wie eine Wolke im Herbst … Eine schwere Wolke der Erbitterung, Warja, drückt mir auf die Seele … Ich liebe niemanden, ich will niemanden lieben! … Ich werde mein Leben als komische alte Jungfer beschließen.

WARWARA MICHAILOWNA. Hör auf, Liebe! Es ist so traurig …

JULIA FILIPPOWNA. Verheiratet zu sein ist auch ein zweifelhaftes Vergnügen … Ich an Ihrer Stelle würde Rjumin heiraten … Er hat zwar etwas Säuerliches an sich, aber … *(Sonja: »Wartet mal! Na, fangt an! Nein, die Mandoline fängt an!« – Ein Duo von Mandoline und Gitarre.)*

KALERIA. Er ist wie Gummi …

WARWARA MICHAILOWNA. Mir fällt aus irgendeinem Grunde ein trauriges Liedchen ein … Die Wäscherinnen in der Anstalt meiner Mutter sangen es manchmal … Ich war damals klein und besuchte das Gymnasium. Ich weiß noch, wenn ich nach Hause kam, war die Wäscherei voll von stickigem Dampf … darin wiegten halb angezogene Frauen sich hin und her und sangen müde, halblaut:

Die du mein teures Mütterchen bist,
Hab Erbarmen mit mir, der Glücklosen –
Denn schwer lebt es sich unter fremden Menschen,
In der bitteren Unfreiheit, die ausgedörrt mein Herz.

Und ich weinte, wenn ich diesem Lied zuhörte … *(Bassow: »Sascha! Bringen Sie uns mal Bier … und Portwein …«)* Ich führte damals ein schönes Leben! Diese Frauen hatten mich in ihr Herz geschlossen … Ich erinnere mich, wie sie sich abends, wenn sie die Arbeit beendet hatten, an einen großen, sauber gescheuerten Tisch setzten, um Tee zu trinken … und sie setzten mich immer zu sich wie ihresgleichen.

KALERIA. Du erzählst langweilig, Warja! Langweilig wie Marja Lwowna …

JULIA FILIPPOWNA. Ihr lieben Frauen, wir leben schlecht!

WARWARA MICHAILOWNA *(nachdenklich).* Ja, schlecht … Und wir wissen nicht, wie man besser leben könnte. Meine Mutter hat ihr ganzes Leben lang gearbeitet … Und wie gutherzig … wie fröhlich sie war! Alle hatten sie gern. Ihr verdanke ich meine Bildung … Wie sie sich freute, als ich das Gymnasium abgeschlossen hatte! Sie konnte damals schon nicht mehr gehen – sie hatte Rheumatismus … Sie starb ruhig … und sagte zu mir: »Weine nicht, Warja, es macht nichts! Für mich wird's Zeit … ich habe gelebt und gearbeitet, es reicht!« Ihr Leben hatte mehr Sinn als meins. Denn meins erscheint mir peinlich … Mir ist, als wäre ich in ein fremdes Land geraten, unter fremde Menschen, deren Leben ich nicht verstehe! … Dieses, unser Leben, das Leben der Gebildeten verstehe ich nicht. Es erscheint mir unzuverlässig, unbeständig, hastig und provisorisch zusammengezimmert wie eine Jahrmarktsbude … Dieses Leben gleicht dem Eis über den bewegten Wogen eines Flusses: Es ist fest, es schimmert, aber es verbirgt sich viel Schmutz darin … viel Beschämendes … viel Ungutes … Wenn ich ehrliche, mutige Bücher lese, dann scheint es mir, als gehe die heiße Sonne der Wahrheit auf … die das Eis schmilzt, den Schmutz in seinem Inneren sichtbar macht, und die Wellen des Flusses werden es rasch zerbrechen, zertrümmern und irgendwohin mit sich forttragen …

KALERIA *(mit Widerwillen, ärgerlich)*. Warum verlässt du deinen Mann nicht? Er ist doch ein solcher Spießer, er ist für dich völlig überflüssig …

(Warwara Michailowna blickt Kaleria befremdet an.)

KALERIA *(hartnäckig)*. Verlass ihn und geh, irgendwohin … geh, etwas lernen … oder verliebe dich … nur geh!

WARWARA MICHAILOWNA *(sich erhebend, ärgerlich)*. Wie roh das ist …

KALERIA. Du kannst es: du hast keinen Widerwillen gegen das Schmutzige, dir gefallen Waschfrauen … du kannst überall leben …

JULIA FILIPPOWNA. Sie sprechen ausgesprochen nett über Ihren Bruder …

KALERIA *(ruhig)*. Ja! Wollen Sie, dass ich Ihnen etwas Ähnliches über Ihren Mann sage?

JULIA FILIPPOWNA *(spöttisch lächelnd)*. Sagen Sie es nur! Ich werde wohl kaum gekränkt sein. Ich selbst sage ihm oft genug Dinge, die ihn rasend machen … Und er zahlt es mir mit gleicher Münze heim … Erst vor kurzem hat er mich ins Gesicht ein liederliches Frauenzimmer genannt …

WARWARA MICHAILOWNA. Und Sie ... Was haben Sie darauf erwidert?

JULIA FILIPPOWNA. Ich habe ihm nicht widersprochen. Ich weiß nicht ... ich weiß nicht, was Liederlichkeit ist, aber ich bin sehr neugierig. In mir steckt so eine schlimme, heftige Neugier auf den Mann. *(Warwara Michailowna steht auf und tritt zwei, drei Schritte zur Seite.)* Ich bin hübsch – das ist mein Verhängnis. Schon in der sechsten Klasse des Gymnasiums blickten mich die Lehrer so an, dass ich mich irgendwie schämte und rot wurde; das machte ihnen aber Vergnügen, und sie lächelten genüsslich wie Vielfraße vor einem Delikatessgeschäft.

KALERIA *(zusammenzuckend).* Brrr ... wie widerlich!

JULIA FILIPPOWNA. Ja ... Danach klärten mich meine verheirateten Freundinnen auf ... Am meisten aber bin ich meinem Mann zu Dank verpflichtet. Er vor allem hat meine Phantasie verdorben ... und mir das Gefühl der Neugier auf den Mann eingeimpft. *(Sie lacht, Schalimow löst sich von der Gruppe der Männer und kommt langsam auf die Frauen zu.)* Und ich verderbe ihm dafür das Leben. Es gibt da so ein Sprichwort: Kleines mit Großem vergelten.

SCHALIMOW *(dazutretend).* Ein sehr hübsches Sprichwort! Das hat sicherlich ein freigebiger, herzensguter Mensch ausgedacht ... Warwara Michailowna, wollen Sie nicht einen Spaziergang zum Fluss machen?

WARWARA MICHAILOWNA. Eigentlich ja ... Gehen wir!

SCHALIMOW. Darf ich Ihnen den Arm reichen?

WARWARA MICHAILOWNA. Nein, danke ... das mag ich nicht.

SCHALIMOW. Wie traurig Sie aussehen! Sie haben keine Ähnlichkeit mit Ihrem Bruder … der ist ein lustiger Vogel. Ein spaßiger junger Mann …

(Sie gehen nach rechts ab.)

KALERIA. Es gibt unter uns niemanden, der mit seinem Leben zufrieden wäre. Sie zum Beispiel … Sie sind immer so fröhlich, und dabei …

JULIA FILIPPOWNA. Gefällt Ihnen dieser Herr? Für mich hat er etwas Unsauberes an sich. Er ist vermutlich kalt wie ein Frosch … Gehen auch wir zum Fluss!

KALERIA *(sich erhebend)*. Gehen wir! Mir ist es einerlei …

JULIA FILIPPOWNA. Er ist wahrscheinlich ein bisschen in sie verliebt. Aber wie fremd sie tatsächlich allen ist! Und wie sonderbar forschend sie alle anschaut … Was will sie sehen? Ich habe sie gern … aber ich fürchte mich vor ihr … Sie ist streng … und rein …

(Sie gehen. Von rechts dringen laute Rufe und Lachen herüber. Man ruft: »Ein Boot! Rasch! Wo sind die Ruder? Die Ruder!« Pustobaika richtet sich gemächlich auf, nimmt die Ruder auf die Schultern und will gehen. Suslow und Bassow eilen in Richtung des Lärms davon. Samyslow springt auf Pustobaika zu und entreißt ihm ein Ruder.)

SAMYSLOW. Mach schneller, hol dich der Teufel! Hörst du nicht! – Da scheint ein Unglück geschehen zu sein, und du … Schnauze! *(Er eilt davon.)*

PUSTOBAIKA *(folgt ihm und brummt)*. Wär's ein Unglück, dann würden die ganz anders losheulen … Auch so ein … Held! … Wie er abzieht …

(Mehrere Sekunden bleibt die Bühne leer. Man hört rufen: »Keine Steine werfen! Festhalten! Mit dem Ruder!«

Lachen. Von links treten rasch Marja Lwowna und Wlas ein, beide erregt.)

MARJA LWOWNA *(aufgeregt, aber nicht laut).* Unterlassen Sie das, hören Sie? Ich will nicht. Wagen Sie es nicht, mit mir so zu sprechen! Habe ich Ihnen das etwa erlaubt?

WLAS. Ich werde aber sprechen. Ja, werde ich!

MARJA LWOWNA *(streckt die Hände aus, als wolle sie Wlas zurückstoßen).* Ich verlange, dass man mich achtet!

WLAS. Ich liebe Sie ... ich liebe Sie! Liebe Sie rasend, liebe mit ganzer Seele Ihr Herz ... Ihren Verstand ... und diese strenge Strähne grauer Haare ... Ihre Augen und Ihre Art zu sprechen ...

MARJA LWOWNA. Schweigen Sie! Wie können Sie es wagen!

WLAS. Ich kann nicht leben ... ich brauche Sie wie die Luft, wie das Feuer!

MARJA LWOWNA. Mein Gott ... Geht es wirklich nicht ohne das? Geht es nicht?

WLAS *(sich mit den Händen an den Kopf greifend).* Sie haben mich in meinen eigenen Augen erhöht ... Ich irrte irgendwo im Dunklen umher ... ohne Weg und Ziel ... Sie haben mich gelehrt, an meine Kräfte zu glauben ...

MARJA LWOWNA. Gehen Sie, quälen Sie mich nicht! Mein Lieber! Quälen Sie mich nicht!

WLAS *(auf Knien).* Sie haben mir schon viel gegeben – aber es ist noch zu wenig! Seien Sie freigebig, seien Sie hochherzig! Ich will glauben, ich will wissen, dass ich nicht nur Ihrer Aufmerksamkeit würdig bin, sondern auch Ihrer Liebe! Ich flehe Sie an – stoßen Sie mich nicht zurück!

MARJA LWOWNA. Nein, ich bin es, die Sie anfleht! Gehen

Sie! Dann … später werde ich Ihnen antworten … nicht jetzt … Und stehen Sie auf! Ich bitte Sie, stehen Sie auf!

WLAS *(steht auf)*. Glauben Sie mir – ich brauche Ihre Liebe! … Ich habe mir das Herz unter all diesen jämmerlichen Menschen so beschmutzt … ich brauche ein Feuer, das den ganzen Schmutz und Rost in meiner Seele ausbrennt! …

MARJA LWOWNA. So haben Sie doch ein wenig Achtung vor mir! … Ich bin schließlich eine alte Frau! Das sehen Sie doch! Ich brauche das, dass Sie jetzt gehen … Gehen Sie!

WLAS. Gut! … Ich gehe … Aber dann … später sagen Sie mir …

MARJA LWOWNA. Ja … ja … später … gehen Sie!

(Wlas geht rasch nach rechts in den Wald und prallt mit seiner Schwester zusammen.)

WARWARA MICHAILOWNA. Langsam! … Was ist mit dir?

WLAS. Du … bist es? Verzeih mir!

MARJA LWOWNA *(die Hände Warwara Michailowna entgegenstreckend)*. Meine Liebe! Kommen Sie zu mir!

WARWARA MICHAILOWNA. Was ist mit Ihnen? Hat er Sie beleidigt?

MARJA LWOWNA. Nein … das heißt ja … Beleidigt? Ich verstehe nichts, aber auch gar nichts mehr!

WARWARA MICHAILOWNA. Setzen Sie sich … was ist geschehen?

MARJA LWOWNA. Er hat gesagt … *(Sie lacht und blickt Warwara Michailowna verwirrt ins Gesicht.)* Er … hat zu mir gesagt …, dass er mich liebt! Und dabei habe ich graue Haare und falsche Zähne … drei falsche Zähne! Ach, meine Freundin, ich bin eine alte Frau! Sieht er das etwa nicht? Meine Tochter ist achtzehn Jahre! Das ist unmöglich! … Das ist nicht nötig!

WARWARA MICHAILOWNA *(erregt).* Meine Liebe! Meine Gute! Regen Sie sich nicht auf! … Erzählen Sie … Sie sind so eine …

MARJA LWOWNA. Ich bin gar keine! Ich bin wie wir alle … Ich bin ein unglückliches Weibsbild! Helfen Sie mir! Man muss ihn wegreißen von mir … Ich schaffe das nicht … ich werde wegfahren!

WARWARA MICHAILOWNA. Ich verstehe Sie … Er tut Ihnen leid … er gefällt Ihnen nicht … Armer Wlassik!

MARJA LWOWNA. Ach! Ich belüge Sie! Nicht er tut mir leid … Ich selber tue mir leid …

WARWARA MICHAILOWNA *(rasch).* Nein … Wieso? *(Sonja tritt aus dem Wald und bleibt mehrere Sekunden hinter dem Heuhaufen stehen. Sie hält Blumen in der Hand, die sie über ihre Mutter und Warwara Michailowna streuen will. Als sie die Worte der Mutter hört, macht sie eine Bewegung auf sie zu, dreht sich um und geht lautlos davon.)*

MARJA LWOWNA. Ich liebe ihn! … Sie finden es komisch? Nun ja, ich liebe … Graue Haare … aber man möchte leben! Ich bin doch ausgehungert! Ich habe noch gar nicht gelebt … Meine Ehe war eine drei Jahre währende Folter … Ich habe noch nie geliebt! Und jetzt plötzlich … ich schäme mich, es einzugestehen … ich sehne mich so nach Liebkosungen! Nach zärtlichen, kraftvollen Liebkosungen! Ich weiß – es ist zu spät! Zu spät! Ich bitte Sie, meine Liebe, helfen Sie mir! Überzeugen Sie ihn davon, dass er sich täuscht, dass er mich gar nicht liebt! … Ich bin schon unglücklich gewesen … und habe viel gelitten … Genug!

WARWARA MICHAILOWNA. Sie, meine Gute! Ich verstehe Ihre Angst nicht! Wenn Sie ihn lieben und er Sie – was ist dabei? Sie fürchten sich vor künftigem Leiden, aber das liegt vielleicht noch in weiter Ferne!

MARJA LWOWNA. Sie meinen, es wäre möglich? Und meine Tochter? Meine Sonja? Und das Alter? Mein verdammtes Alter? Und diese grauen Haare? Er ist doch schrecklich jung! Ein Jahr, und er wird mich verlassen … O nein, ich will keine Erniedrigungen …

WARWARA MICHAILOWNA. Wozu abwägen … berechnen! … Wie sehr wir uns doch alle fürchten, zu leben! Was bedeutet das, sagen Sie mir, was bedeutet das? Wie sehr wir alle uns selbst bedauern! Ich weiß nicht, was ich rede … Vielleicht ist es schlecht, vielleicht müsste man ganz anders sprechen … Aber ich … kann es nicht! … Ich klatsche wie eine große dumme Fliege gegen die Fensterscheibe … auf der Suche nach der Freiheit … Es ist mir weh um Sie … Ich wünsche Ihnen wenigstens ein bisschen Freude. Und auch mein Bruder tut mir leid! Sie könnten ihm viel Gutes erweisen! Er hatte keine Mutter … Er hat so viel Leid und Erniedrigungen erfahren … Sie wären ihm eine Mutter …

MARJA LWOWNA *(senkt den Kopf)*. Eine Mutter … ja! Nur eine Mutter … ich verstehe … Ich danke Ihnen!

WARWARA MICHAILOWNA *(eilig)*. Nein … Sie haben mich falsch verstanden … ich habe nicht gesagt …

(Rjumin kommt von rechts aus dem Wald, erblickt die beiden Frauen, bleibt stehen und räuspert sich. Sie überhören es. Er tritt näher heran.)

MARJA LWOWNA. Sie haben, ohne es zu wollen, die einfache, nüchterne Wahrheit gesagt … Ich muss ihm eine

Mutter sein … ja! Ein Freund! Sie, meine Gute … ich möchte weinen … ich gehe lieber! Schauen Sie, da steht Rjumin! Ich mache wahrscheinlich ein dummes Gesicht … Hat die Fassung verloren, die gute Alte. *(Sie geht langsam und müde in den Wald.)*

WARWARA MICHAILOWNA. Ich komme mit.

RJUMIN *(rasch)*. Warwara Michailowna! Darf ich Sie bitten, hierzubleiben? Ich werde Sie nicht lange aufhalten!

WARWARA MICHAILOWNA. Ich komme nach, Marja Lwowna, gehen Sie zum Wächterhäuschen! Was wollen Sie mir sagen, Pawel Sergejewitsch?

RJUMIN *(sich nach allen Seiten umblickend)*. Gleich … sage ich … *(Er senkt den Kopf und schweigt.)*

WARWARA MICHAILOWNA. Warum sehen Sie sich so geheimnisvoll um? Was ist denn?

(Im Hintergrund der Bühne geht – von rechts nach links – Suslow vorbei und summt etwas vor sich hin. Man hört die Stimme Bassows: »Wlas, Sie wollten uns Verse vorlesen. Wo wollen Sie denn hin?«)

RJUMIN. Ich … komme gleich zur Sache … Sie kennen mich seit langem …

WARWARA MICHAILOWNA. Vier Jahre. Aber was haben Sie nur?

RJUMIN. Ich bin ein wenig aufgeregt … ich fürchte mich! Ich kann mich nicht entschließen, diese Worte auszusprechen … Ich wünschte … dass Sie …

WARWARA MICHAILOWNA. Ich verstehe nicht! Was soll ich tun?

RJUMIN. Es erraten … Nur erraten! …

WARWARA MICHAILOWNA. Ja, was denn? Sprechen Sie einfacher …

RJUMIN *(leise).* Erraten, was ich Ihnen schon seit langem … seit langem sagen wollte … Haben Sie jetzt … verstanden?

(Pause. Warwara Michailowna blickt Rjumin mit zusammengezogenen Brauen streng an und geht langsam von ihm weg zur Seite.)

WARWARA MICHAILOWNA *(unwillkürlich).* Was für ein seltsamer Tag!

RJUMIN *(mit gedämpfter Stimme).* Ich glaube, ich habe Sie mein Leben lang geliebt … noch ehe ich Sie sah, noch ehe ich Sie kennenlernte, habe ich Sie geliebt! Sie waren die Frau meiner Träume … jene wunderbare Gestalt, die man sich in seiner Jugend erschafft … Und nach der man später manchmal sein Leben lang sucht und die man nicht findet. Ich aber bin Ihnen … meinem Traum begegnet …

WARWARA MICHAILOWNA *(ruhig).* Pawel Sergejewitsch! Sie müssen nicht darüber sprechen, ich liebe Sie nicht, nein!

RJUMIN. Aber … vielleicht … erlauben Sie mir, zu sagen …

WARWARA MICHAILOWNA. Was? Wozu?

RJUMIN. Was kann man nun machen? Was kann man machen? *(Er lacht leise.)* Aus, nun ist es vorbei! Wie einfach doch alles ist … Ich hatte es mir so lange vorgenommen … Ihnen das zu sagen … und der Gedanke an die Stunde, da ich Ihnen gestehen würde, dass ich Sie liebe, war mir angenehm und schrecklich zugleich … Und nun habe ich es gesagt! …

WARWARA MICHAILOWNA. Aber, Pawel Sergejewitsch … Was kann ich denn tun?

RJUMIN. Ja … ja … natürlich … ich verstehe! Wissen Sie,

ich hatte all meine Hoffnungen in Sie, in Ihr Verhalten zu mir gesetzt ... und nun ist es auf einmal vorbei – es gibt kein Leben mehr für mich ...

WARWARA MICHAILOWNA. So dürfen Sie nicht reden! Sie dürfen mir nicht weh tun ... Bin ich denn schuld?

RJUMIN. Aber wie weh tut es erst mir! Auf mir lastet, mich bedrückt ein uneingelöstes Versprechen ... In meiner Jugend schwor ich mir und anderen ... mein ganzes Leben dem Kampf für das zu widmen, was mir damals gut und ehrlich erschien. Nun habe ich meine besten Jahre gelebt, und ich habe nichts, gar nichts geschafft! Zuerst nahm ich es mir immerfort vor, wartete auf die Gelegenheit, wog alles ab – und gewöhnte mich, ohne es recht zu merken, an ein ruhiges Leben, lernte diese Ruhe schätzen, lernte um sie zu bangen ... Sehen Sie, wie offen ich bin? Nehmen Sie mir nicht die Freude, so offen zu sein! Ich schäme mich, so zu sprechen ... aber in dieser Scham ist die bittere Süße ... einer Beichte ...

WARWARA MICHAILOWNA. Aber was kann ich denn ... für Sie tun?

RJUMIN. Ich bitte nicht um Liebe – ich bitte um Erbarmen! Das Leben schreckt mich durch die Hartnäckigkeit seiner Forderungen, aber ich umgehe sie vorsichtig und verstecke mich hinter den spanischen Wänden verschiedener Theorien – ich weiß, Sie verstehen, was ich meine ... Ich traf Sie, und plötzlich flammte in meinem Herzen die wunderbare, leuchtende Hoffnung auf, dass ... Sie mir helfen würden, mein Versprechen einzulösen und dass Sie mir die Kraft und den Wunsch eingeben ... für das Wohl des Lebens zu arbeiten!

WARWARA MICHAILOWNA *(leidenschaftlich, voller Schwer-*

mut und Verdruss). Ich kann nicht! Verstehen Sie doch – ich kann nicht! Ich bin selber bettelarm … Ich bin mir selbst im Zweifel über das Leben … Suche nach einem Sinn im Leben – und finde keinen! Ist das etwa das Leben? Darf man etwa so leben, wie wir es tun? Die Seele verlangt nach einem hellen, schönen Leben, aber uns umgibt diese verfluchte Geschäftigkeit des Nichtstuns … Widerwärtig, zum Erbrechen, eine Schande ist es, so zu leben! Alle fürchten sich vor irgendetwas, klammern sich aneinander, bitten um Hilfe, stöhnen, schreien …

RJUMIN. Auch ich bitte um Hilfe! Jetzt bin ich ein schwacher, unentschiedener Mensch. Doch wenn Sie wollten! …

WARWARA MICHAILOWNA *(mit Nachdruck).* Das ist nicht wahr! Ich glaube Ihnen nicht! All das sind nur klagende Worte! Schließlich kann ich doch mein Herz nicht in Ihre Brust verpflanzen … auch wenn ich ein starker Mensch bin! Ich glaube nicht daran, dass es irgendwo außerhalb des Menschen eine Kraft gibt, die ihn umformen kann. Entweder er besitzt sie selber, oder es gibt sie nicht! Ich werde nicht weiter sprechen … In meiner Seele wächst die Feindseligkeit …

RJUMIN. Gegen mich? Weswegen?

WARWARA MICHAILOWNA. O nein, nicht gegen Sie … gegen alle! Wir leben auf dieser Erde und sind allem fremd … es gelingt uns nicht, Menschen zu sein, die nützlich sind für das Leben. Und mir scheint, dass bald, morgen, irgendwelche anderen, starken und kühnen Menschen kommen und uns von der Erde wegfegen werden wie Kehricht … In meiner Seele wächst der Hass gegen die Lüge, gegen den Betrug …

RJUMIN. Ich will aber betrogen sein, ja! Da habe ich die Wahrheit erfahren, und mir bleibt nichts, wovon ich leben kann!

WARWARA MICHAILOWNA *(beinahe angewidert)*. Entblößen Sie nicht Ihre Seele vor mir! Mir tut ein Bettler leid, den man ausgeraubt hat, wenn er aber sein Geld verprasst hat oder als Bettler zur Welt gekommen ist, dann kann ich ihn nicht bemitleiden! ...

RJUMIN *(gekränkt)*. Seien Sie nicht so grausam! Sie sind doch auch ein kranker, ein verwundeter Mensch!

WARWARA MICHAILOWNA *(mit Nachdruck, fast stolz)*. Der Verwundete ist nicht krank, er hat nur einen zerfetzten Körper. Krank ist der, der vergiftet ist.

RJUMIN. So haben Sie doch Erbarmen! Ich bin doch ein Mensch! ...

WARWARA MICHAILOWNA. Und ich? Bin ich vielleicht kein Mensch? Bin ich nur etwas, was Sie benötigen, um besser leben zu können? Ja? Und das ist nicht grausam? Ich sehe es, ich weiß es: Sie sind nicht der Einzige, der in der Jugend Schwüre getan und Versprechen gegeben hat, ihr seid vermutlich Tausende, die ihr euren Schwüren untreu geworden seid ...

RJUMIN *(außer sich)*. Leben Sie wohl! Ich verstehe! Ich bin zu spät gekommen! Ja! Natürlich ... Nur ist wohl auch Schalimow ... Schauen Sie ihn sich an, schauen Sie, auch er ist ...

WARWARA MICHAILOWNA *(kalt)*. Schalimow? Sie haben nicht das Recht ...

RJUMIN. Leben Sie wohl! Ich kann nicht mehr ... leben Sie wohl!

(Er wendet sich rasch nach links, in den Wald. Warwara

Michailowna macht eine Bewegung, als wolle sie ihm folgen, schüttelt aber sogleich verneinend den Kopf und setzt sich auf den Baumstumpf. Im Hintergrund der Bühne, neben dem Teppich mit dem Imbiss, erscheint Suslow und trinkt Wein. Warwara Michailowna steht auf und geht nach links, in den Wald. Von rechts kommt rasch Rjumin, blickt sich um und lässt sich mit einer Gebärde der Enttäuschung ins Heu sinken, Suslow, der angeheitert ist, geht auf Rjumin zu und pfeift.)

SUSLOW. Haben Sie ihn gehört?

RJUMIN. Wen?

SUSLOW *(setzt sich)*. Den Streit.

RJUMIN. Nein. Welchen Streit?

SUSLOW *(der sich eine Zigarette anzündet)*. Wlas' Streit mit dem Schriftsteller und Samyslow?

RJUMIN. Nein …

SUSLOW. Schade!

RJUMIN. Stecken Sie das Heu nicht in Brand!

SUSLOW. Hol es der Teufel! … Ja, sie haben sich hier gestritten … Aber all das sind nur Faxen … Ich kenne das. Ich habe selbst früher philosophiert … Ich habe seinerzeit alle modischen Wörter gebraucht und kenne ihren Wert. Konservativismus, Intelligenz, Demokratie … was noch? All das ist tot, ist Lüge! Der Mensch ist vor allem eine zoologische Gattung, das ist die Wahrheit! Und ihr wisst es! Und wenn ihr noch so viele Faxen macht, ihr könnt nicht verbergen, dass ihr essen und trinken wollt … und eine Frau besitzen … Das ist eure ganze Wahrheit … Tja! Wenn Schalimow spricht, so verstehe ich: er ist Literat, das Spiel mit den Worten ist sein Handwerk, und auch wenn Wlas spricht, verstehe ich: er ist jung und dumm ... Aber wenn Samyslow, dieser Gauner, dieses Raubtier, spricht, dann würde ich ihm am liebsten die Gurgel mit der Faust stopfen! ... Haben Sie schon gehört? Er hat Bassow in eine schöne Geschichte hineingeritten! Eine schmutzige Geschichte ... Sie werden ihre fünfzigtausend einstecken ... Bassow und dieser Halunke, ja! ... Aber danach wird sie niemand mehr als anständige Menschen bezeichnen! Und diese stolze Warwara, die sich immer nicht entschließen kann, sich einen Liebhaber auszusuchen ...

RJUMIN. Sie sagen Widerwärtigkeiten. *(Er geht davon.)*

SUSLOW. Närrischer Grützpudding! *(Von rechts kommt Pustobaika, nimmt die Pfeife aus dem Mund und starrt Suslow unverwandt an.)* Nun, was gaffst du? Hast du noch nie Menschen gesehen? Hau ab!

PUSTOBAIKA. Tu ich auch. *(Er geht langsam davon.)*

SUSLOW *(räkelt sich auf dem Heu).* »Auf Erden das ganze Menschengeschlecht ...« *(Er hustet.)* Ihr seid alle heimliche Schurken ... »Die Menschen gehen für das Metall zugrunde ...« Unsinn! Geld ist gar nichts ... wenn man welches hat ... *(Er ist am Einschlummern.)* Die Furcht vor der Meinung der anderen dagegen ist was ... wenn der Mensch nüchtern ist ... ihr seid alle heimliche Schurken, sage ich euch ...

(Er schläft ein. Dudakow und Olga kommen Arm in Arm langsam daher. Sie schmiegt sich eng an seine Schulter und blickt ihm ins Gesicht.)

DUDAKOW. Und ... natürlich sind wir beide im Unrecht ... Wir sind abgehetzt und überarbeitet ... und haben die Achtung voreinander verloren. Wofür solltest du mich auch achten? Was bin ich schon?

OLGA ALEXEJEWNA. Mein lieber Kirill ... du bist der Vater meiner Kinder ... Ich achte ... ich liebe dich ...

DUDAKOW. Ich bin überfordert ... lasse mich gehen und kann mich nicht beherrschen ... und du nimmst dir alles so zu Herzen ... So entsteht dann diese höllische Lage ...

OLGA ALEXEJEWNA. Du bist das Einzige, was ich auf dieser Welt habe ... du und unsere Kinderchen! Ich habe doch sonst niemanden ...

DUDAKOW. Erinnere dich, Olga ... haben wir einst ... etwa von einem solchen Leben geträumt? *(Julia Filippowna und Samyslow tauchen links hinter den Bäumen auf.)* Ja ...

OLGA ALEXEJEWNA. Aber was sollen wir tun? Was tun? Wir haben doch Kinder! Sie verlangen Aufmerksamkeit ...

DUDAKOW. Ja ... die Kinder ... ich verstehe. Aber manchmal wird man nachdenklich ...

OLGA ALEXEJEWNA. Mein Lieber! ... Was tun?

(Sie gehen in den Wald.)

JULIA FILIPPOWNA *(tritt lachend hervor).* Feierlich und rührend! Welche Lektion für mich!

SAMYSLOW. Das ist das Vorwort zum fünften Kind ... oder schon zum sechsten? Ja, liebe Julka, ich warte also?

JULIA FILIPPOWNA *(spöttisch).* Ich weiß gar nicht, ob ich nun ... sie waren so lieb ... ob ich nicht zum Pfad der Tugend zurückkehren sollte, mein Dummerchen?

SAMYSLOW. Das kommt später, Julka ...

JULIA FILIPPOWNA. Ja, das kommt später, ich entscheide mich dafür, auf der Straße des Lasters zu bleiben, soll mein Sommerfrischenroman eines natürlichen Todes sterben. Weshalb habt ihr so geschrien, du, Wlas und der Schriftsteller?

SAMYSLOW. Heute ist dieser Wlas irgendwie nicht recht gescheit … Das Gespräch kam auf den Glauben …

JULIA FILIPPOWNA. Und woran glaubst du?

SAMYSLOW. Ich? Nur an mich selbst, Julka … Ich glaube nur an mein Recht, so zu leben, wie ich will!

JULIA FILIPPOWNA. Und ich glaube an gar nichts …

SAMYSLOW. Ich habe eine hungrige Kindheit hinter mir … und eine ebensolche, von Erniedrigungen erfüllte Jugend … ich habe eine raue Vergangenheit, meine teure Julka! Ich habe viel Schweres und Schlimmes gesehen … und viel ertragen. Jetzt bin ich mein eigener Herr und Richter – das ist alles! … Nun, ich gehe … auf Wiedersehen, du meine Freude! … Wir sollten uns allerdings ein bisschen vorsichtiger benehmen … ein bisschen ferner voneinander halten …

JULIA FILIPPOWNA *(pathetisch).* Fern oder nah – ist es nicht einerlei, mein Ritter? Wen sollten wir irrsinnig Verliebten fürchten?

SAMYSLOW. Ich verschwinde, du meine Herrlichkeit! … *(Er geht weg in den Wald, Julia Filippowna schaut ihm nach, blickt sich auf der Lichtung um und atmet tief und befreit auf. Sie tritt auf das Heu zu, wobei sie leise singt.)*

JULIA FILIPPOWNA.

Beruhige die leidgeprüfte Seele mein,
Wie die Mutter ihr Kind wiegt ein …

(Sie erblickt ihren Mann, bleibt stehen, zuckt zusammen, verharrt einige Sekunden regungslos und blickt ihn an. Sie will gehen, dreht sich aber wieder um und setzt sich lächelnd neben ihren Mann. Sie kitzelt ihn mit einem Grashalm im Gesicht, Suslow brummt.)

JULIA FILIPPOWNA. Sehr musikalisch …

SUSLOW. Eh … Teufel! Du bist es? …

JULIA FILIPPOWNA. Was du für eine Fahne hast! Der ganze Heuhaufen kann diesen Geruch nicht dämpfen. Die teuren Weine werden dich noch ruinieren, mein Freund!

SUSLOW *(streckt die Hände zu ihr aus).* Du … bist so nah … Ich habe schon vergessen, wann es das letzte Mal war, Julia …

JULIA FILIPPOWNA. Ist auch nutzlos, sich dieser glücklichen Augenblicke zu erinnern, mein Freund … Hör zu, willst du mir nicht einen Gefallen tun?

SUSLOW. Welchen? Sage es – ich bin bereit! Glaube mir, Julia … ich bin für dich zu allem bereit …

JULIA FILIPPOWNA. Eben so muss ein liebender Gatte auch sein!

SUSLOW *(küsst ihr die Hand).* Nun, sage mir … was willst du von mir?

JULIA FILIPPOWNA *(einen kleinen Revolver aus der Tasche ziehend).* Komm, erschießen wir uns, mein Freund! Erst du … dann ich!

SUSLOW. Was für ein trauriger Scherz, Julia … Wirf dieses abscheuliche Ding weg … wirf es weg, ich bitte dich!

JULIA FILIPPOWNA. Warte … nimm deine Hand weg! Mein Vorschlag gefällt dir nicht? Aber du hast doch die Absicht, mich zu erschießen? … Ich würde es ja als Erste tun, aber ich fürchte, du betrügst mich und bleibst leben, und ein zweites Mal betrogen werden möchte ich nicht; ich will mich nicht von dir trennen … ich will noch lange, lange mit dir zusammenbleiben … freust du dich?

SUSLOW *(gedrückt).* Hör zu, Julia, so geht es nicht … nein!

JULIA FILIPPOWNA. Es geht, wie du siehst! Nun, willst du, dass ich dich selbst erschieße?

SUSLOW *(verdeckt sich vor ihr mit dem Arm).* Sieh mich nicht so an! Das ist doch weiß der Teufel was! Ich gehe … ich kann nicht mehr! …

JULIA FILIPPOWNA *(vergnügt).* Geh … ich schieße dir in den Rücken … Ach, nein – es geht nicht … da kommt Marja Lwowna … eine nette Frau! Warum verliebst du dich nicht in sie? Sie hat so schönes Haar!

SUSLOW *(mit gedämpfter Stimme).* Du bringst mich um den Verstand! Wofür? Wofür hasst du mich?

JULIA FILIPPOWNA *(geringschätzig).* Dich kann man nicht hassen …

SUSLOW *(leise und keuchend).* Du quälst mich so, aber wofür? Sag!

(Marja Lwowna kommt nachdenklich daher, vorgeneigt und mit gesenktem Kopf. Suslow steht vor seiner Frau und starrt hartnäckig auf den Revolver in ihrer Hand.)

JULIA FILIPPOWNA. Marja Lwowna! Kommen Sie hierher … Du, Pjotr, hast ein abscheuliches Frauenzimmer aus mir gemacht … Geh nun! Marja Lwowna, fahren wir bald nach Hause?

MARJA LWOWNA. Ich weiß es nicht, wirklich! Alles hat sich zerstreut … Haben Sie Warwara Michailowna nicht gesehen?

JULIA FILIPPOWNA. Sie ist wahrscheinlich mit diesem Schriftsteller zusammen. Du wolltest, glaube ich, zum Fluss gehen? Geh, wir werden uns ohne dich nicht langweilen …

(Suslow geht schweigend ab.)

MARJA LWOWNA *(zerstreut).* Wie streng sie mit ihm …

JULIA FILIPPOWNA. Das schadet nichts. Irgendein Philosoph rät, sagte man mir, den Männern: Wenn du zum Weibe gehst, vergiss die Peitsche nicht …

MARJA LWOWNA. Das war Nietzsche …

JULIA FILIPPOWNA. Ja? Er war, glaube ich, nicht ganz gescheit? Ich kenne keine Philosophen, weder gescheite, noch nicht ganz gescheite … Wenn ich aber ein Philosoph wäre, dann würde ich der Frau sagen: Näherst du dich einem Mann, meine Liebe, vergiss einen guten Knüppel nicht! *(Im Hintergrund der Lichtung erscheinen von links Olga Alexejewna und Kaleria und setzen sich neben den Teppich mit dem Imbiss.)* Ich habe mir auch sagen lassen, es gibt bei irgendeinem Stamm von Wilden folgende hübsche Sitte: Bevor der Mann die Blumen des Vergnügens pflückt, haut er der Frau mit einem Knüppel auf den Kopf. Bei uns Kulturmenschen macht man das nach der Hochzeit. Hat man Sie mit dem Knüppel auf den Kopf gehauen?

MARJA LWOWNA. Ja-a!

JULIA FILIPPOWNA *(lächelnd)*. Die Wilden sind ehrlicher, nicht wahr? Aber warum sind Sie so bedrückt …

MARJA LWOWNA. Fragen Sie mich nicht … Finden Sie das Leben schwer?

(Von rechts kommt Dwojetotschije ohne Hut, die Angel in der Hand.)

JULIA FILIPPOWNA *(lachend)*. Wer hat mein Stöhnen gehört? … Ich bin immer fröhlich … Aber dieser Onkel … gefällt er Ihnen? Mir sehr.

MARJA LWOWNA. Ja, er ist nett …

DWOJETOTSCHIJE *(hinzutretend)*. Aber mein Hut ist doch tatsächlich weggeschwommen … Die jungen Leute wollten ihn retten und haben ihn endgültig ersäuft! Hat nicht jemand ein Tüchlein übrig, das ich mir um den Kopf binden könnte? Sonst zerstechen, verstehen Sie, die Mücken meine Glatze.

JULIA FILIPPOWNA *(erhebt sich).* Warten Sie, ich bringe Ihnen gleich eins. *(Sie entfernt sich in den Hintergrund der Bühne.)*

DWOJETOTSCHIJE. Da hat Herr Tschernow eben alle belustigt ... ein netter Bursche!

MARJA LWOWNA. Ist er ... lustig?

DWOJETOTSCHIJE. Ganz erstaunlich! Er funkelt nur so! ... Er hat immerzu seine Verse rezitiert. Irgendeine Dame bat ihn, Verse in ihr Album zu schreiben, und, verstehen Sie, das tat er denn auch. Sie, sagt er, blickten mir lachend in die Augen, und dieser Blick, meint er, traf mich ins Herz und o weh, nun schlafe ich schon über zwei Wochen nicht, Herrin ... verstehen Sie? Und weiter ...

MARJA LWOWNA *(eilig).* Bitte nicht weiter, Semjon Semjonowitsch ... Ich kenne diese Verse ... Sagen Sie ... werden Sie längere Zeit hierbleiben?

DWOJETOTSCHIJE. Ich gedachte eigentlich, verstehen Sie, mich bis ans Ende meiner Tage bei meinem Neffen einzurichten ... aber von seiner Seite erkenne ich keine Neigung, mich in dieser Absicht zu bestärken. Dabei weiß ich nicht, wohin ... ich habe niemanden ... Geld habe ich ... aber sonst auch nichts!

MARJA LWOWNA *(zerstreut, ohne ihn anzusehen).* Sind Sie tatsächlich reich?

DWOJETOTSCHIJE. Ich bin fast Millionär, verstehen Sie. Hoho! Fast Millionär! Wenn ich sterbe, geht alles an

Pjotr … das scheint ihn aber wenig zu verlocken. Er ist nicht besonders liebevoll zu mir, nein. Überhaupt kommt er mir irgendwie wunschlos vor … er braucht nichts … ich verstehe ihn nicht! Nehmen wir an, er weiß, eines Tages gehört das Geld ja doch ihm – worum soll er sich also noch Sorgen machen? Haha!

MARJA LWOWNA *(mit großem Interesse).* Ach, Sie Armer! … Sie sollten es für irgendeinen gesellschaftlichen Zweck verwenden – immerhin besser, sinnvoller!

DWOJETOTSCHIJE. Tja! Das hat mir schon mal so ein lieber Mensch geraten, aber ich mag ihn nicht, verstehen Sie. Er spielt zwar den Liberalen, ist aber ein fuchsroter Gauner! Und doch tut es mir, ehrlich gestanden, leid, das Geld Pjotr zu hinterlassen. Was soll er damit? Er trägt schon jetzt die Nase reichlich hoch. *(Marja Lwowna lacht. Dwojetotschije blickt sie aufmerksam an.)* Warum lachen Sie? Erscheine ich Ihnen dumm? Nein, ich bin aber nicht dumm … ich bin nur nicht gewöhnt, allein zu leben. Ach ja! Man ächzt und stöhnt und schmachtet nach der einen, denkt man aber darüber nach, dann tun sie einem alle leid! Aber … beiläufig gesagt, Sie sind ein guter Mensch … *(Er lacht.)*

MARJA LWOWNA. Danke!

DWOJETOTSCHIJE. Keine Ursache. Ich habe zu danken! Da sagen Sie zu mir – Sie Armer … haha! Das hab ich noch nie gehört … alle sagten – ein Reicher! Haha! Und auch ich selber dachte, ich sei reich … Und nun stellt sich heraus, dass ich arm bin …

JULIA FILIPPOWNA *(tritt, ein Tuch in der Hand, auf sie zu).* Machen Sie eine Liebeserklärung, Onkel?

DWOJETOTSCHIJE. Aber ich doch nicht, ich alter Waldschrat! Ich bin jetzt nur noch der Verehrung fähig ... Binde mir mal das Tuch möglichst hübsch ... Und dann gehe ich und esse noch etwas für den Heimweg ...

JULIA FILIPPOWNA. So ... das kleidet Sie sehr gut!

DWOJETOTSCHIJE. Da lügst du aber! Ich habe ein männliches Gesicht. Gehen wir etwas essen. Was ich dich fragen wollte – deinen Mann liebst du wohl nicht?

JULIA FILIPPOWNA. Meinen Sie, dass man ihn lieben kann?

DWOJETOTSCHIJE. Und warum hast du ihn dann geheiratet?

JULIA FILIPPOWNA. Er hatte eben so getan, als wäre er interessant ...

DWOJETOTSCHIJE *(lacht schallend)*. Ah, hol dich der Teufel ...

(Alle drei ziehen sich in den Hintergrund der Bühne zurück. Dort beginnt man zu lärmen und zu lachen, nicht laut, aber ununterbrochen. Von links erscheinen der angeheiterte Bassow, Schalimow, Dudakow und Wlas. Letzterer tritt in den Hintergrund der Szene, die anderen drei gehen zum Heu.)

SAMYSLOW *(ruft im Wald)*. Herrschaften! Es wird Zeit! Nach Hause!

BASSOW. Gibt es hier nicht wunderhübsche Plätzchen, Jaschka? War ein schöner Ausflug, nicht wahr?

SCHALIMOW. Aber du hast doch die ganze Zeit dagesessen wie ein Kauz! Hast dagesessen und getrunken ... und bist ganz traurig geworden ...

(Im Hintergrund der Bühne bindet Sonja das Tuch um Dwojetotschijes Kopf. Lachen. Aus dem Wald tritt dort, wo sich der Teppich mit dem Imbiss befindet, Samyslow, nimmt eine Flasche Wein und Gläser und geht auf

Bassow zu, gefolgt von Dwojetotschije, der sich Sonjas zu erwehren sucht.)

BASSOW *(aufs Heu sinkend).* Und ich setze mich auch wieder ... Die Natur muss man im Sitzen genießen ... Die Natur, die Wälder, die Bäume ... das Heu ... ich liebe die Natur! *(Aus irgendeinem Grunde mit trauriger Stimme.)* Auch die Menschen liebe ich ... Ich liebe mein armes, riesiges, unsinniges Land ... Ich liebe alles und alle! ... Meine Seele ist zart wie ein Pfirsich! Jakow, das solltest du verwenden, das ist ein guter Vergleich: eine Seele, zart wie ein Pfirsich ...

SCHALIMOW. Gut, werde ich verwenden!

SONJA. Semjon Semjonowitsch, erlauben Sie!

DWOJETOTSCHIJE. Genug jetzt! Genug gespottet über einen alten Mann ... Ich bin gekränkt ... Haha!

BASSOW. Ah, Wein! Schenkt mir ein! Wie schön! Wie fröhlich, ihr lieben Leute! Eine angenehme Beschäftigung ist das Leben ... für den, der es schlicht und freundschaftlich betrachtet ... Dem Leben gegenüber, Herrschaften, muss man sich freundschaftlich und vertrauensvoll verhalten ... Man muss ihm mit schlichten Kinderaugen ins Gesicht sehen, und alles wird vortrefflich sein. *(Dwojetotschije steht neben dem Baumstumpf, hört Bassows Geschwätz zu und lacht.)* Herrschaften! Blicken wir einander mit klaren Kinderaugen in die Herzen, mehr ist nicht nötig, und der Onkel lacht ... er hat einen jungen, vergnügten Barsch gefangen ... ich habe aber den Barsch genommen und ihn in sein vertrautes Element zurückgelassen. Denn ich bin Pantheist, das ist ein Faktum! Ich liebe auch den Barsch ... der Onkel dagegen hat seinen Hut absaufen lassen, so!

SCHALIMOW. Du redest Unsinn, Sergej!

BASSOW. Richte nicht, auf dass du nicht gerichtet werdest … Ich spreche übrigens nicht schlechter als du … du bist ein Mann der schönen Worte, und ich bin ein Mann der schönen Worte! Da höre ich Marja Lwownas Stimme … Eine vortreffliche Frau … hoher Verehrung würdig!

SCHALIMOW. Ich habe aber nichts für dieses Maschinengewehr übrig … Überhaupt bin ich kein Liebhaber verehrungswürdiger Frauen …

BASSOW *(freudig)*. Auch das ist wahr! Frauen, die der Verehrung unwürdig sind, sind besser als die verehrungswürdigen, sie sind besser, das ist ein Faktum!

DWOJETOTSCHIJE. Was der redet! … Der mit so einer, man kann schon sagen, Königin verheiratet ist …

BASSOW. Meine Frau? Warja? Oh! Das ist eine Puristin! Eine Puritanerin! Das ist eine erstaunliche Frau … eine Heilige! Aber – es ist langweilig mit ihr! Sie liest viel und spricht immer im Namen irgendeines Apostels. Trinken wir auf ihr Wohl!

SCHALIMOW. Eine höchst überraschende Schlussfolgerung! Und dennoch ist Marja Lwowna …

BASSOW *(unterbricht ihn)*. Weißt du schon – sie hat eine Liebesgeschichte mit meinem Schriftführer, das ist ein Faktum! Ich habe gesehen, wie er ihr eine Liebeserklärung gemacht hat!

DWOJETOTSCHIJE. Hm … darüber sollte man wohl lieber nicht reden. *(Er geht fort.)*

BASSOW. O ja! Das ist ein Geheimnis!

KALERIA *(tritt hinzu)*. Sergej, hast du Warja nicht gesehen?

BASSOW. Das ist meine Schwester! Meine liebe Poetesse …

Jakow, hat sie dir ihre Verse vorgelesen? Oh, hör sie dir mal an – sehr nett! Und so hoch und erhaben alles! Wolken … Berge … Sterne …

KALERIA. Du hast wohl einiges getrunken? Ja?

BASSOW. Ein einziges Glas.

SAMYSLOW. Aus dieser Flasche.

SCHALIMOW. Ihre poetischen Versuche interessieren mich außerordentlich, Kaleria Wassiljewna.

KALERIA. Und wenn ich Sie nun beim Wort nehme und vier dicke Hefte herbeischleppe!

SCHALIMOW. Bange machen gilt nicht … ich bin nicht ängstlich …

KALERIA. Wir werden ja sehen!

JULIA FILIPPOWNA *(im Wald singend).* Wird Zeit, nach Hause … nach Hause! …

(Kaleria geht weg nach rechts und begegnet Sonja. Samyslow geht in Richtung von Julia Filippownas Stimme. Bassow zwinkert ihm nach, beugt sich zu Schalimow vor und flüstert ihm etwas zu. Schalimow hört ihm zu und lacht.)

KALERIA. Gehen wir nach Hause?

SONJA. Ja, alle sind müde …

KALERIA. Wenn ich aus dem Haus irgendwohin gehe, begleitet mich immer irgendeine unbestimmte Hoffnung … und wenn ich nach Hause zurückkehre, bin ich allein … Ihnen geht es nicht so, nein?

SONJA. Nein.

KALERIA. Das kommt noch.

SONJA *(lachend).* Mir scheint aus irgendeinem Grunde, Sie reden mit Vergnügen von traurigen Dingen.

KALERIA. Ja? Ich möchte mit dem unruhigen Schatten des

Gedankens Ihre klaren Augen bedecken. Ich sehe oft irgendwelche derben, abgerissenen Leute neben Ihnen – und wundere mich über Ihre Furchtlosigkeit gegenüber dem Schmutz des Lebens … Ist Ihnen das Zusammensein mit ihnen nicht widerlich?

SONJA *(lachend)*. Aber der Schmutz ist doch nur auf ihrer Haut – er lässt sich leicht mit Seife abwaschen.

(Sie gehen weg in den Hintergrund, ihre Unterhaltung wird unverständlich.)

SCHALIMOW *(erhebt sich)*. Du hast eine böse Zunge, Sergej … Pass auf, du bist selber Ehemann …

BASSOW. Ich?

SCHALIMOW. Die Natur ist wunderschön, aber warum gibt es Mücken? Hab ich nicht irgendwo hier mein Plaid liegen gelassen?

(Er geht nach rechts ab. Bassow räkelt sich und summt ein Liedchen vor sich hin. Im Hintergrund der Szene packen Sascha, Sonja und Pustobaika die Sachen zusammen. Auf der linken Seite, neben dem Heuhaufen, erscheint Warwara Michailowna, einen Blumenstrauß in der Hand.)

WLAS *(im Wald)*. Wer fährt mit dem Boot, Herrschaften?

BASSOW. Warja! Gehst du spazieren? Und ich bin allein. Alle sind fort.

WARWARA MICHAILOWNA. Du hast wieder einmal viel getrunken, Sergej …

BASSOW. Wieso viel?

WARWARA MICHAILOWNA. Der Kognak schadet dir doch. Hinterher beklagst du dich dann über dein Herz.

BASSOW. Aber ich habe mich doch vor allem an den Portwein gehalten … Verurteile mich nicht, Warja! Du sprichst immer so hart und streng zu mir, und ich … ich bin weichherzig … und liebe alles mit der zarten Liebe eines Kindes … Meine Liebe, setz dich her! … Sagen wir endlich, was uns auf der Seele liegt! Wir müssen miteinander reden …

WARWARA MICHAILOWNA. Lass das! Man bricht bereits nach Hause auf … Steh auf und geh zum Boot … geh schon, Sergej!

BASSOW. Gut – ich gehe! Wohin soll ich gehen? Dorthin? Ich gehe …

(Er geht, wobei er allzu fest auftritt. Warwara Michailowna blickt ihm nach. Ihr Gesicht ist streng. Sie sieht sich nach rechts um und bemerkt Schalimow, der leise auf sie zutritt und freundlich lächelt.)

SCHALIMOW. Ihr Gesicht ist abgespannt, Ihre Augen sind so traurig … Sind Sie müde?

WARWARA MICHAILOWNA. Ein wenig.

SCHALIMOW. Auch ich bin sehr müde … Ich bin müde, den Menschen zuzuschauen … Und es tut mir weh, Sie unter ihnen zu sehen. Ich bitte um Verzeihung!

WARWARA MICHAILOWNA. Wofür?

SCHALIMOW. Meine Worte sind Ihnen vielleicht unangenehm?

WARWARA MICHAILOWNA. Dann würde ich es Ihnen sagen …

SCHALIMOW. Ich sehe Sie an, wie Sie stumm in dieser lärmenden Menge umhergehen, wie Ihre Augen wortlos fragen … Und Ihr Schweigen ist für mich beredter als alle Worte … Ich habe doch auch die Kälte und das Bedrückende der Einsamkeit erlebt …

SONJA *(ruft)*. Mama! Bist du im Boot?

MARJA LWOWNA *(aus dem Wald).* Nein, ich gehe zu Fuß.

WARWARA MICHAILOWNA *(hält Schalimow eine Blume hin).* Wollen Sie sie nehmen?

SCHALIMOW *(lächelnd, mit einer Verneigung).* Ich danke Ihnen! Ich wache eifersüchtig über Blumen, wenn man sie mir so freundschaftlich schlicht schenkt. *(Wlas im Walde rechts: »He, Wächter, wo ist das zweite Paar Ruder?«)* Ihre Blume wird irgendwo in einem meiner Bücher liegen ... Eines Tages werde ich das Buch zur Hand nehmen und mich an Sie erinnern ... Ist das komisch? Ist das nicht sentimental?

WARWARA MICHAILOWNA *(mit gedämpfter Stimme und gesenktem Kopf).* Sprechen Sie weiter ...

SCHALIMOW *(sieht ihr forschend ins Gesicht).* Es muss für Sie sehr traurig sein, unter Menschen zu leben, die auf so tragische Weise nicht zu leben verstehen.

WARWARA MICHAILOWNA. Lehren Sie sie, besser zu leben!

SCHALIMOW. Mir fehlt das Selbstvertrauen der Lehrer ... Ich bin ein Fremder, ein einsamer Betrachter des Lebens ... ich kann nicht laut reden, und meine Worte werden den Mut dieser Leute nicht wecken. Worüber denken Sie nach?

WARWARA MICHAILOWNA. Ich? Es gibt Gedanken ... die von den Menschen wegführen ... man muss sie im Keim ersticken ...

SCHALIMOW. Und dann wird Ihre Seele zu einem Friedhof werden ... Nein, man muss sich nicht fürchten, von den Menschen abzurücken ... Glauben Sie mir, die Luft fernab von ihnen ist reiner und durchsichtiger, alles ist klarer, bestimmter ...

WARWARA MICHAILOWNA. Ich verstehe Sie ... und mir

ist so traurig zumute, als wäre jemand, der mir sehr nahesteht, unheilbar krank geworden …

(Rechts ist Lärm.)

SCHALIMOW *(der nicht auf ihre Worte achtet).* Wenn Sie verstehen würden … wie aufrichtig ich jetzt spreche! … Sie werden es mir vielleicht nicht glauben, aber ich spreche es dennoch aus: Vor Ihnen möchte ich aufrichtig, möchte ich besser, klüger sein …

WARWARA MICHAILOWNA. Ich danke Ihnen …

SCHALIMOW *(der ihr die Hand küsst, erregt).* Wenn ich neben Ihnen bin, dann scheint mir, als stehe ich auf der Schwelle zu einem unbekannten Glück, das tief ist wie das Meer … dass Sie eine Zauberkraft besitzen, mit der Sie anderen Menschen Energien verleihen könnten wie der Magnet dem Eisen … und ein verwegener, wahnwitziger Gedanke erwacht in mir … Mir scheint, wenn Sie …

(Er unterbricht seine Rede und blickt um sich. Warwara Michailowna beobachtet ihn.)

WARWARA MICHAILOWNA. Wenn ich? … Was?

SCHALIMOW. Warwara Michailowna … Werden Sie mich … nicht auslachen? Möchten Sie, dass ich es ausspreche? …

WARWARA MICHAILOWNA. Nein … Ich habe verstanden … Sie sind kein allzu geschickter Verführer …

SCHALIMOW *(verlegen).* Nein, Sie haben mich nicht verstanden! … Sie …

WARWARA MICHAILOWNA *(einfach, traurig, leise).* Wie habe ich Sie geliebt, als ich Ihre Bücher las … und wie habe ich auf Sie gewartet! Sie erschienen mir so … strahlend, so voller Verständnis für alles … So erschienen Sie mir, als ich Sie einst in einer literarischen Veranstaltung lesen hörte ... Ich war damals siebzehn Jahre alt ... und von da bis zur Begegnung mit Ihnen lebte Ihr Bild in meiner Erinnerung fort, gleich einem leuchtenden Stern ... einem Stern!

SCHALIMOW *(dumpf, mit gesenktem Kopf).* Hören Sie zu ... bitte nicht! Ich bitte um Entschuldigung ...

WARWARA MICHAILOWNA. Wenn ich in der Banalität beinahe erstickte, stellte ich mir Sie vor – und mir wurde leichter ... ich hatte irgendeine Hoffnung ...

SCHALIMOW. Man muss hochherzig sein ... man muss verstehen ...

WARWARA MICHAILOWNA. Und nun sind Sie erschienen ... und sind wie alle! Genau wie alle ... Das tut weh! Sagen Sie, was ist mit Ihnen geschehen? Kann man sich denn die Kraft seiner Seele wirklich nicht bewahren?

SCHALIMOW *(erregt).* Gestatten Sie! Warum stellen Sie andere Forderungen an mich ... warum legen Sie bei mir andere Maßstäbe an als bei den Menschen überhaupt? ... Ihr alle ... lebt so, wie es euch gefällt, nur ich muss, weil ich Schriftsteller bin, so leben, wie ihr es wollt!

WARWARA MICHAILOWNA. Sprechen Sie nicht so! Nein! Werfen Sie meine Blume weg! ... Ich gab sie dem, der Sie früher waren, dem, den ich für besser, für erhabener als die anderen Menschen hielt! Werfen Sie meine Blume weg ... *(Sie geht rasch davon.)*

SCHALIMOW *(blickt ihr nach).* Hol's der Teufel! ... *(Er zerdrückt die Blume.)* Schlange!

(Er wischt das Gesicht nervös mit dem Taschentuch ab und entfernt sich in der Richtung, in die Warwara Michailowna gegangen ist. Von links kommen rasch Dudakow und Olga aus dem Wald.)

SAMYSLOW *(singt im Wald).* »O Nacht, so bedecke schon rasch …«

JULIA FILIPPOWNA *(fällt ein).* »Mit deinem durchsichtigen Schleier …«

WLAS *(im Wald).* So steigen Sie schon ein!

DUDAKOW. Und nun … wären wir fast schon zu spät gekommen …

OLGA ALEXEJEWNA. Ich bin so müde! Mein lieber Kirill … Du darfst diesen Tag nicht vergessen …

DUDAKOW. Und du … nicht deine Versprechen … beherrschter zu sein …

OLGA ALEXEJEWNA. Mein Freund! Ich bin so froh … nun wird unser Leben leichter werden …

(Sie gehen vorbei, Pustobaika kommt von rechts mit einem Korb und sucht irgendetwas mit den Augen auf der Erde.)

PUSTOBAIKA. Schau, was die wieder für einen Dreck gemacht haben … Plunder und Dreck – das ist alles, was ihr hinterlasst … Verderbt nur die Erde … *(Er geht nach links ab.)*

JULIA FILIPPOWNA *(im Wald).* Wer fehlt noch?

SONJA. Mama, huhu!

BASSOW. Huhu, Mamachen!

MARJA LWOWNA *(kommt von links, ihr Gesicht ist müde, der Blick ratlos).* Hier bin ich, Sonja!

SONJA *(hervoreilend).* Komm, Mama, fahren wir! … Aber was ist denn mit dir?

MARJA LWOWNA. Nichts … Ich gehe zu Fuß … Sag ihnen, sie sollen nicht auf mich warten. Geh schon …

SONJA *(läuft rasch zur Seite, hält die Hände an den Mund und ruft).* Wartet nicht auf uns, fahrt! Wir gehen zu Fuß … Was? Auf Wiedersehen!

DWOJETOTSCHIJE *(aus dem Wald).* Ihr überanstrengt euch!

SONJA. Lebt wohl!

MARJA LWOWNA. Warum bist du nicht mit ihnen gefahren?

SONJA. Weil ich bei dir geblieben bin …

MARJA LWOWNA. Also gut, gehen wir …

SONJA. Nein, setzen wir uns ein bisschen … Bist du melancholisch, Mama? Meine liebe Mama! Setz dich … ja, so! Lass mich dich umarmen … ja, so! Und nun erzähle, was du hast!

(Aus dem Wald klingen Lärm, Lachen und einzelne laute Ausrufe herüber.)

JULIA FILIPPOWNA *(aus dem Wald).* Schaukelt das Boot nicht so!

SAMYSLOW. Nein, nicht singen! … Spielt lieber!

BASSOW *(ebendaher).* Also los, Musik!

(Man hört, wie die Gitarre und die Mandoline gestimmt werden.)

WLAS *(aus dem Wald).* Ablegen! …

MARJA LWOWNA. Sonja! … Meine Tochter! Wenn du wüsstest! …

SONJA *(einfach).* Weiß ich doch!

MARJA LWOWNA. Gar nichts weißt du! …

SONJA. Mamachen! Erinnerst du dich noch: Wenn ich, als ich klein war, meine Schulaufgaben nicht begriff und wie ein Dummerchen heulte, kamst du zu mir, drücktest meinen Kopf an deine Brust – ja, so! – und lulltest mich ein. *(Sie singt.)*

Schlaf, Mamachen, schlaf ein,
Schlaf schon, Mamachen mein …

Mir scheint, jetzt bist du es, die ihre Schulaufgaben nicht versteht ... Wenn du ihn liebst ...

(Dwojetotschije lacht schallend.)

MARJA LWOWNA. Sonja! Schweig still ... Woher weißt du es?

(Man hört Gitarre und Mandoline spielen.)

SONJA. Pst! Lieg still ...

Schlaf, Mamachen, schlaf ein,
Schlaf schon, Mamachen mein ...

Ich habe eine kluge Mama, sie hat mir beigebracht, einfach und klar zu denken ... Er ist ein netter Mensch, Mama – stoß ihn nicht zurück! In deinen Händen wird er noch besser werden. Einen guten Menschen hast du bereits geschaffen – ich bin doch kein schlechtes Menschenkind, Mama? Und jetzt wirst du einen anderen erziehen ...

MARJA LWOWNA. Meine Liebe! Das ist unmöglich!

SONJA. Pst ... Er wird mir ein Bruder sein ... Er ist rau, du wirst ihn weicher machen, du hast so viel Zärtlichkeit ... Du wirst ihn lehren, mit Liebe zu arbeiten, wie du selbst arbeitest, wie du es mich gelehrt hast. Er wird mir ein guter Kamerad sein ... und wir werden herrlich leben ... zuerst zu dritt ... und dann werden wir zu viert sein ... weil ich diesen komischen Maxim heiraten werde, meine Liebe ... Ich liebe ihn, Mama, er ist so nett!

MARJA LWOWNA. Sonja, mein Kind, du wirst glücklich werden! Ja, das wirst du! ...

SONJA. Lieg still und hör zu! Wir werden beide unser Studium abschließen und in Freundschaft, froh und gut, leben! Wir werden vier sein, Mama, vier unerschrockene, ehrliche Menschen! ...

MARJA LWOWNA. Du meine Freude! Mein Glück! Wir werden drei sein, du, dein Mann und ich. Und er … wenn er bei uns sein wird … dann nur als dein Bruder … als mein Sohn.

SONJA. Und unser Leben wird gut sein! Wir werden es gut machen. Aber erst – ruh dich aus, Mama. Nicht weinen! …

Schlaf, Mamachen, schlaf ein,
Schlaf schon, Mamachen mein!

(In Sonjas Stimme zittern Tränen. Aus der Ferne klingen, kaum noch hörbar, die Gitarre und die Mandoline herüber.)

(Vorhang.)

Vierter Akt

Das Bühnenbild des zweiten Aktes. Abend, die Sonne ist bereits untergegangen. Unter den Kiefern spielen Bassow und Suslow Schach. Auf der Terrasse deckt Sascha den Abendbrottisch. Von rechts, aus dem Wald, dringen die heiseren Töne eines Grammophons herüber, im Haus spielt Kaleria etwas Trauriges auf dem Klavier.

BASSOW. Unser Land braucht vor allem Menschen mit wohlwollender Gesinnung. Ein wohlwollender Mensch ist Evolutionist, er hat es nicht eilig ...

SUSLOW. Ich nehme den Läufer ...

BASSOW. Nimm den ... Der wohlwollende Mensch ... verändert die Formen des Lebens unmerklich, nur nach und nach, doch seine Arbeit ist die einzige, die Bestand hat ...

(Dudakow kommt eilig hinter der Ecke des Sommerhauses hervor.)

DUDAKOW. Ah ... die Frau ist wohl nicht hier?

BASSOW. Ihre nicht! Setzen Sie sich, Doktor ...

DUDAKOW. Ich kann nicht ... Ich bin in Eile ... ich muss den Rechenschaftsbericht der Lehrer für den Druck fertig machen ...

BASSOW. An dem arbeiten Sie, glaube ich, schon das zweite Jahr?

DUDAKOW *(im Gehen)*. Ja, wenn niemand außer mir arbeitet! Leute gibt es genug, aber keine, die arbeiten – wieso?

BASSOW. Eine ungereimte Figur, dieser Doktor!

SUSLOW. Zieh ...

BASSOW. Hm ... gut ... ich ziehe! Ich meine also, man muss

wohlwollend fühlen … Menschenhass, mein Freund, ist überflüssiger Luxus … Ich bin vor elf Jahren in diese Gegend gekommen … und mein ganzer Besitz bestand aus einer Aktentasche und einem Teppich. Die Aktentasche war leer und der Teppich dünn. Auch ich war dünn …

SUSLOW. Gardez!

BASSOW. Ach, verdammt! Wie habe ich denn deinen Springerzug übersehen?

SUSLOW. Wenn der Mensch philosophiert, verliert er nur …

BASSOW. Faktum, Fakt, Fakt … wie die Enten zu sagen pflegen …

(Sie vertiefen sich in das Spiel. Auf der rechten Seite treten Wlas und Marja Lwowna aus dem Wald; sie können die Spielenden nicht sehen.)

MARJA LWOWNA *(mit gedämpfter Stimme).* Mein lieber, guter Junge! Glauben Sie mir … das geht bald vorüber bei Ihnen … das geht vorüber. Und dann werden Sie mir in der Seele dankbar sein!

WLAS *(laut).* Mir ist schwer ums Herz, sehr schwer!

(Bassow lauscht und macht Suslow ein Zeichen zu schweigen.)

MARJA LWOWNA. Fahren Sie fort … fahren Sie möglichst bald fort, mein Bester! Ich verspreche, ich werde Ihnen schreiben … Arbeiten Sie, suchen Sie sich einen Platz im Leben … Seien Sie mutig, weichen Sie nie vor der Macht der alltäglichen Kleinigkeiten zurück! Sie sind nett, und ich liebe Sie. Ja, ja, ich liebe Sie. *(Bassow reißt die Augen auf, Suslow sieht ihn lächelnd an.)* Aber das brauchen Sie nicht, und mich ängstigt es … ja, ich schäme mich nicht zu gestehen, es ängstigt mich! Sie werden über Ihre Leidenschaft bald hinwegkommen, während ich Sie … je länger, desto mehr und desto stärker lieben würde … Und das alles würde ein sehr komisches, ja abgeschmacktes Ende nehmen – auf jeden Fall ein sehr trauriges für mich …

WLAS. Nein, ich schwöre Ihnen …

MARJA LWOWNA. Bitte, keine Schwüre …

WLAS. Wenn die Liebe vergeht – die Achtung wird bleiben …

MARJA LWOWNA. Das ist für eine Frau, die liebt, zu wenig … Und dann noch eins, mein Bester: ich schäme mich, ein privates Leben zu führen … das ist vielleicht komisch und unnormal, aber in unseren Tagen schämt man sich, ein privates Leben zu führen. Gehen Sie, mein Freund, gehen Sie! Und denken Sie daran: Wenn Sie in einer schweren Stunde einen Freund brauchen, kommen Sie zu mir … ich werde Sie aufnehmen, wie einen geliebten, zärtlich geliebten Sohn … Leben Sie wohl!

WLAS. Geben Sie mir Ihre Hand … Ich möchte niederknien vor Ihnen … Wie ich Sie liebe! Ich möchte weinen … Leben Sie wohl!

MARJA LWOWNA. Leben Sie wohl, Sie Guter, Lieber! Und denken Sie an meinen Rat: Man muss sich vor nichts fürchten … und sich nicht unterwerfen, niemals … niemals!

WLAS. Ich gehe fort … Sie meine Liebe! Meine reine erste Liebe! Ich danke Ihnen … *(Marja Lwowna entfernt sich rasch nach rechts in den Wald. Wlas geht zum Sommerhaus, erblickt Bassow und Suslow und begreift, dass sie zugehört haben; er bleibt stehen. Bassow erhebt sich, grüßt und will etwas sagen. Wlas tritt auf ihn zu.)* Schweigen

Sie! Schweigen Sie! Kein Wort! Unterstehen Sie sich, ein Wort zu sagen! *(Er geht weg zum Sommerhaus.)*

BASSOW *(verlegen)*. Sch … streng …

SUSLOW *(lachend)*. Was? Du hast wohl einen Schreck bekommen?

BASSOW. Nein, so was! Ich wusste es, aber … dieser … solch ein Edelmut … ach, diese Spaßvögel!

(Er lacht, Julia Filippowna und Samyslow kommen auf dem Weg vom Sommerhaus Suslows. Julia geht auf ihren Mann zu, Samyslow in Bassows Sommerhaus.)

SUSLOW. Und dabei tut sie es doch absichtlich, um den Burschen umso fester in die Hand zu bekommen …

BASSOW. Hach, hol's der Teufel! Was? Zum Totlachen!

SUSLOW *(verdrießlich)*. Sie ist gerissen … eine schöne Schweinerei hat sie mir eingebrockt. Der Onkel, weißt du, hat auf ihren Rat sein ganzes Geld weggegeben …

JULIA FILIPPOWNA. Pjotr, für dich kam eben …

BASSOW *(unterbricht sie)*. Nein, fragen Sie erst, was passiert ist!

SUSLOW. Wer kam?

JULIA FILIPPOWNA *(zu Bassow)*. Was denn? *(Zu ihrem Mann.)* Einer von deinen Bauunternehmern … er sagt, es ist dringend: irgendwo ist irgendetwas eingestürzt …

SUSLOW *(geht rasch)*. Was für ein Unsinn!

BASSOW. Stellen Sie sich vor, meine Teure … Da sitzen wir hier, Ihr Mann und ich, und plötzlich Marja Lwowna … *(Er lacht schallend.)* Es stellt sich heraus … sie … er hat eine Liebesgeschichte mit ihr!

JULIA FILIPPOWNA. Wer? Mein Mann mit Marja Lwowna? *(Sie lacht.)*

BASSOW. Mit Wlas! Der Spaßvogel mit dieser …

JULIA FILIPPOWNA. Ach so! Aber das ist, dank Ihrer losen Zunge, schon längst allen bekannt …

BASSOW. Aber hier, sehen Sie, geht es um … die Details … *(Hinter der Hausecke hervor erscheinen Dwojetotschije, dieser mit Tüten in den Händen, und Rjumin.)*

DWOJETOTSCHIJE. Friede der Unterhaltung! Wie steht's, ist Warwara Michailowna zu Hause? Hier, wen ich mitbringe!

BASSOW. Bah! Heimgekehrt aus fernen Landen … Guten Tag! Hübscher geworden, braungebrannt, wenn auch abgenommen, ja … Wo kommen Sie her?

RJUMIN. Aus dem Süden. Ich habe zum ersten Mal das Meer gesehen … Guten Tag, Julia Filippowna!

JULIA FILIPPOWNA. Wahrhaftig, Sie sind hübscher geworden, ich muss wohl auch ans Meer fahren.

DWOJETOTSCHIJE. Ich gehe mal hinein … *(Er geht.)* Ich hab dir zum Abschied Konfekt mitgebracht, Nichte!

BASSOW.

Ich sah das Meer, so heißt es …
Ich durchmaß es mit gierigen Augen.
Es prüften die Kräfte meines Geistes,
Was sie vor seinem Antlitz taugen …

Ist es so? Gehen Sie hinein, meine Frau wird sich sehr freuen!

RJUMIN. Schön ist es dort! Allenfalls die Musik vermag die Schönheit und Majestät des Meeres auszudrücken. Vor seinem Angesicht fühlt sich der Mensch klein wie ein winziges Stäubchen, klein wie vor dem Angesicht der Ewigkeit.

(Warwara Michailowna kommt hinter der Ecke des Hauses hervor.)

BASSOW. Ich packe die Schachfiguren zusammen. Warja, weißt du schon, Pawel Sergejewitsch ist eingetroffen?

WARWARA MICHAILOWNA. Ist er bei uns?

BASSOW *(auf sie zutretend)*. Ja. Und er scheint seinen Vorrat an schönen Worten stark aufgefüllt zu haben … Warjuscha, wenn du wüsstest! Ich sitze mit Suslow und spiele Schach, und plötzlich Marja Lwowna und Wlas … sie haben, verstehst du, eine Liebesgeschichte! *(Er lacht.)* Da sagtest du noch, es ist was anderes! Genau das ist es! Das ist ein Faktum!

WARWARA MICHAILOWNA. Sergej, hör auf! Ich fürchte, du sagst eine Abgeschmacktheit …

BASSOW. Warja! Aber ich habe doch noch nicht gesagt …

WARWARA MICHAILOWNA. Ich habe dich gebeten, die Beziehungen zwischen Marja Lwowna und meinem Bruder nicht zu berühren, und du hast alles ausgeplaudert … Verstehst du denn wirklich nicht … wie unschön das ist?

BASSOW. Jetzt geht's wieder los! Wirklich, mit dir spricht man am besten über gar nichts …

WARWARA MICHAILOWNA. Ja, du solltest überhaupt weniger reden und wenigstens einmal darüber nachdenken, was du tust, wenigstens einmal hinhören, wie man über dich spricht, Sergej …

BASSOW. Über mich? Ich bin über Klatsch erhaben … Sollen sie alles reden, was sie wollen! Aber ich wundere mich, dass du, Warja, du, meine Frau …

WARWARA MICHAILOWNA. Deine Frau zu sein … ist keine so hohe Ehre, wie du glaubst … und es ist eine sehr bedrückende Ehre …

BASSOW *(entrüstet)*. Warwara, was redest du! Wie redest du?

(Dwojetotschije und Wlas erscheinen auf der Terrasse.)

WARWARA MICHAILOWNA. Ich rede das, was ich denke … und wie ich fühle.

BASSOW. Ich möchte dich immerhin bitten, mir zu erklären …

WARWARA MICHAILOWNA. Gut, ich erkläre es dir später.

(Bassow verschwindet schnaubend im Haus. Wlas folgt ihm mit einem feindseligen Blick und setzt sich auf die unterste Treppenstufe vor der Terrasse.)

DWOJETOTSCHIJE. Und ich habe Ihnen Konfekt mitgebracht, Warwara Michailowna!

WARWARA MICHAILOWNA. Danke!

DWOJETOTSCHIJE *(setzt sich ebenfalls auf eine Treppenstufe)*. Ich habe allen Damen Konfekt mitgebracht … damit sie mich in guter Erinnerung behalten – ich möchte Sie für mich einnehmen, verstehen Sie. Geben Sie mir ein kleines Porträt von sich!

WARWARA MICHAILOWNA. Ach ja … gleich! *(Sie geht ins Haus.)*

DWOJETOTSCHIJE. Nun, was ist, Onkel Wlas, fahren wir?

WLAS. Wäre es doch schon so weit!

DWOJETOTSCHIJE. Keine vierundzwanzig Stunden mehr. Tja! Wenn man noch Ihre Schwester hier fortlocken könnte. Sie hat hier nichts zu tun …

WLAS *(finster)*. Hier hat niemand etwas zu tun.

DWOJETOTSCHIJE. Und ich freue mich, dass Sie mit mir fahren. Unser Städtchen ist klein, aber hübsch; ringsum Wald, der Fluss … Mein Haus ist riesig – zehn Zimmer. Man braucht nur in einem zu hüsteln, und es hallt in allen. Im Winter, wenn der Schneesturm tobt, hallt es besonders in allen Zimmern. Tja! *(Sonja kommt rasch von rechts.)* In der Jugend, wissen Sie, tut Einsamkeit dem Menschen gut … im Alter dagegen ist es schon besser zu zweit, haha! Ah, die Schelmin … Leben Sie wohl! Ich reise morgen ab, und übermorgen werden Sie mich Alten vergessen haben, als gäbe es ihn gar nicht auf der Welt …

SONJA. Nein, ich vergesse Sie nicht. Sie haben einen so komischen Namen.

DWOJETOTSCHIJE. Und das ist alles? Nun, ich danke Ihnen auch dafür!

SONJA. Nein, mein lieber Großvater, ich werde Sie wirklich nicht vergessen. Sie sind so einfach, so gut! Und einfache Menschen liebe ich so! Aber … haben Sie nicht meine Mama gesehen?

DWOJETOTSCHIJE. Ich hatte nicht das Vergnügen.

WLAS. Im Hause ist sie nicht. Gehen wir, suchen wir sie … Vielleicht ist sie in der Laube am Fluss.

KALERIA. Ich komme auch mit, wenn Sie nichts dagegen haben?

SONJA. Bitte sehr!

(Alle drei gehen in den Wald. Dwojetotschije blickt ihnen nach, seufzt, summt ein Liedchen vor sich hin. Aus dem Hause tritt mit einem Foto in der Hand Warwara Michailowna, gefolgt von Rjumin.)

WARWARA MICHAILOWNA. Hier haben Sie mein Foto. Wann fahren Sie?

DWOJETOTSCHIJE. Morgen. Danke für die Widmung! Ach, liebe gnädige Frau, ich habe Sie liebgewonnen!

WARWARA MICHAILOWNA. Mich lieben? Wofür?

DWOJETOTSCHIJE. Ja, braucht denn Liebe einen Grund?

Man liebt doch einfach so! ... Die wahre Liebe ist wie die Sonne am Himmel – man weiß nicht, woran sie sich festhält.

WARWARA MICHAILOWNA. Das kenne ich nicht ...

DWOJETOTSCHIJE. Das sehe ich ja, dass Sie es nicht kennen ... Sie sollten mitkommen zu mir. Ihr Brüderchen fährt mit. Sie würden eine Beschäftigung finden.

WARWARA MICHAILOWNA. Aber was kann ich denn tun? Ich kann gar nichts!

DWOJETOTSCHIJE. Sie haben nichts gelernt, darum können Sie auch nichts! Lernen Sie etwas! Wlas und ich zum Beispiel werden Gymnasien bauen ... eins für Jungen und eins für Mädchen ...

RJUMIN *(zerstreut)*. Wenn das Leben einen Sinn haben soll, muss man ein gewaltiges, wichtiges Werk vollbringen ... dessen Spuren Jahrhunderte überdauern ... Man muss irgendwelche Tempel errichten ...

DWOJETOTSCHIJE. Nun, das sind Weisheiten, die mir zu hoch sind! Auch auf das Gymnasium bin ich nicht selbst gekommen, aber darauf hat mich ein guter Mensch gebracht, ja ...

RJUMIN. Selbst die Hochschulen vermitteln uns nur eine Reihe sich widersprechender Theorien, nur Vermutungen über die Geheimnisse des Lebens ...

WARWARA MICHAILOWNA *(ärgerlich)*. Mein Gott! Wie langweilig das ist! Wie abgedroschen ... wie abgenützt ...

RJUMIN *(blickt alle an und lacht leise und sonderbar)*. Ja, ich weiß: das sind tote Worte, tot wie das Laub im Herbst ... Ich sage sie so aus Gewohnheit ... wozu, weiß ich nicht ... vielleicht, weil es Herbst wird ... Seit der

Stunde, da ich das Meer erblickte, klingt in meiner Seele das nachdenkliche Rauschen seiner grünlichen Wogen ununterbrochen fort, und alle menschlichen Worte gehen in dieser Musik unter ... wie Regentropfen im Meer ...

WARWARA MICHAILOWNA. Sie sind irgendwie sonderbar ... Was haben Sie?

(Kaleria und Wlas kommen von rechts aus dem Wald.)

RJUMIN *(lachend).* Nichts ... Ich versichere es Ihnen!

KALERIA. Fest auf den Beinen stehen – bedeutet das, bis zu den Knien im Schmutz stehen?

WLAS. Sie möchten wohl in der Luft Fuß fassen, Sie haben keine anderen Sorgen, als sich die Reinheit ihrer Schleppe und ihrer Seele zu erhalten? Aber wer braucht euch und wozu, euch Blitzblanke und Kalte?

KALERIA. Ich selbst brauche mich! ...

WLAS. Irrtum! Nicht mal Sie selbst brauchen sich ...

KALERIA. Ich spreche nicht mehr mit Ihnen – Sie sind grob! *(Geht rasch ins Haus.)*

DWOJETOTSCHIJE. Nun, Onkel Wlas, was ist? Sie haben das Fräulein durcheinandergebracht und sind zufrieden?

WLAS *(setzt sich auf die unterste Treppenstufe zu Füßen seiner Schwester).* Ich habe sie satt! *(Ahmt sie nach.)* Ach, ich sterbe vor Langeweile ... Ich habe ihr gesagt: Leben muss man mit den Menschen, sterben in der Einsamkeit ...

RJUMIN *(rasch).* Da! Das ist grausam, aber Sie haben recht ... Ja! So ist es!

(Bassow und Julia Filippowna treten auf die Terrasse hinaus.)

WARWARA MICHAILOWNA *(gleichsam zu sich selbst).* Das

Leben verläuft abseits von uns und berührt nicht das Herz ... es bewegt nur unser Denken ...

BASSOW. Warja, ich habe angeordnet, dass Sascha hier zum Abendessen deckt. *(Suslow kommt rasch von seinem Sommerhaus.)* Semjon Semjonowitsch, wir veranstalten eine kleine Abschiedsfeier für Sie ... Wir wollen Champagner trinken! Der Vorwand ist legitim ...

DWOJETOTSCHIJE. Ich bin sehr gerührt ...

SUSLOW. Julia, einen Augenblick ...

JULIA FILIPPOWNA. Was ist denn?

(Suslow nimmt seine Frau beiseite und flüstert ihr im Gehen etwas zu. Sie prallt zurück und bleibt stehen. Er fasst sie unter und führt sie nach rechts, wo sie mehrere Minuten leise miteinander reden und zur Terrasse zurückkehren, nachdem Bassow gegangen ist.)

BASSOW. Ich werde Ihnen eine Wurst anbieten, Herrschaften ... eine Wurst, wissen Sie! Die hat mir ein Klient aus der Ukraine geschickt ... Aber wo ist denn mein Gehilfe? *(Gedämpft.)* Er ist doch auch der Gehilfe des Mannes von Julia Filippowna ...

WARWARA MICHAILOWNA *(empört, mit leiser Stimme).* Sergej! Wie abscheulich das ist!

BASSOW *(herausfordernd).* Aber das wissen doch alle, Warja! Du solltest wirklich nicht so heftig ... Sascha! ... *(Er geht ins Haus.)*

JULIA FILIPPOWNA *(schadenfroh).* Onkel! Und bei Pjotr ist eine Gefängnismauer eingestürzt ... sie hat zwei Arbeiter verschüttet!

SUSLOW *(spöttisch).* Da freut sie sich! ...

WARWARA MICHAILOWNA *(ängstlich).* Was sagen Sie da? Wo war das?

SUSLOW. Im Landkreis.

DWOJETOTSCHIJE. Gratuliere! Ach ... Menschenskind! Hast du denn die Baustelle manchmal besucht?

SUSLOW. Ja, habe ich ... Das war der Bauunternehmer, der Schuft!

JULIA FILIPPOWNA. Er lügt! Er ist kein Mal dagewesen ... er hat keine Zeit!

DWOJETOTSCHIJE. Auspeitschen sollte man euresgleichen! ... Und das sind Menschen! Leben ohne zu handeln ...

SUSLOW *(mit spöttischem Lächeln)*. Und wenn ich mich nun erschieße, dann haben Sie Ihre Handlung!

RJUMIN *(schüttelt verneinend den Kopf)*. Sie erschießen sich nicht!

SUSLOW. Und wenn doch?

WARWARA MICHAILOWNA. Wie ist das denn, Pjotr Iwanowitsch ... was ist mit den Verschütteten ... sind sie tot?

SUSLOW *(verdrossen)*. Das weiß ich nicht ... ich fahre morgen mal hin.

(Olga Alexejewna kommt dazu.)

WLAS *(knurrt laut)*. So eine Niedertracht!

SUSLOW *(bleckt die Zähne)*. Ruhig, junger Mann, ruhig!

OLGA ALEXEJEWNA *(dazutretend)*. Guten Abend! Wie sitzt ihr denn da ... wie die Vögel im Herbst ... Habe ich heute schon alle gesehen? Ach, Pawel Sergejewitsch! ... Schon lange wieder da?

(Suslow nimmt seine Frau aufs Neue beiseite und sagt etwas zu ihr. Sein Gesicht ist böse. Julia Filippowna verneigt sich spöttisch vor ihm und geht zur Terrasse zurück. Suslow geht unter lautem Pfeifen auf sein

Sommerhaus zu. Dwojetotschije wirft einen Blick auf Julia Filippowna und folgt Suslow.)

RJUMIN. Erst seit heute.

OLGA ALEXEJEWNA. Und schon hier? Sie sind ein treuer Freund! Wie schwül es ist! Es wird bald Herbst … Dann ziehen wir in die Stadt und sind einander dort, zwischen den steinernen Mauern, noch ferner und fremder …

WLAS *(brummt)*. Jetzt geht das Jammern wieder los …

BASSOW *(zur Terrassentür hinaus)*. Pawel Sergejewitsch, einen Augenblick!

(Rjumin folgt dem Ruf. Ihm entgegen kommen Kaleria und Schalimow. Wlas steht, ohne auf Olga Alexejewnas folgende Replik zu antworten, von der Terrassenstufe auf und geht zu den Kiefern hinüber.)

OLGA ALEXEJEWNA *(zu Wlas)*. Stimmt das etwa nicht?

SCHALIMOW *(träge, gelangweilt)*. Da wartet man auf die Erneuerung des Lebens durch die Demokratie, aber ich frage Sie: Wer weiß denn, was für ein Tier das ist – der Demokrat?

KALERIA *(erregt)*. Ja, ja! Sie haben tausendmal recht … Er ist noch ein Tier, ein Barbar! Er hat nur einen bewussten Wunsch – den, satt zu sein.

SCHALIMOW. Und knarrende Stiefel zu tragen.

KALERIA. Woran glaubt er? Worin besteht sein Kult?

WLAS *(gereizt)*. Und Sie? Woran glauben Sie? Worin besteht Ihr Kult?

KALERIA *(ohne Wlas zu antworten)*. Das Leben wird durch Menschen erneuert, die an etwas glauben … durch die Geistesaristokratie …

WLAS. Wer ist sie, diese Aristokratie? Wo findet man sie?

KALERIA. Ich möchte nicht mit Ihnen sprechen, Wlas! Jakow Petrowitsch, gehen wir dort hinüber …
(Sie steigen die Terrassenstufen hinunter, gehen zu den Fichten und lassen sich unter ihnen nieder, wobei sie sich leise unterhalten. Kaleria ist nervös, Schalimow bleibt ruhig, seine Bewegungen sind langsam und träge, als sei er sehr müde.)

WARWARA MICHAILOWNA *(auf Wlas zutretend).* Du bist heute schrecklich nervös, Wlas …

WLAS *(dumpf).* Ich habe es schwer, Warja …

JULIA FILIPPOWNA. Wlas Michailowitsch, gehen wir zum Fluss …

WLAS. Nein … entschuldigen Sie … ich mag nicht …

JULIA FILIPPOWNA. Ich bitte Sie darum! Ich muss Ihnen etwas sagen …

WLAS *(widerstrebend).* Also gut, gehen wir! Was ist denn?
(Julia Filippowna hakt ihn unter und redet leise zu ihm, wobei sie auf den Hintergrund der Bühne zugehen. Warwara Michailowna geht auf die Terrasse.)

OLGA ALEXEJEWNA *(greift nach Warwara Michailownas Hand).* Warja! Bist du mir immer noch böse?

WARWARA MICHAILOWNA *(nachdenklich).* Böse? Nein …

WLAS *(im Hintergrund der Bühne, laut).* Der Schuft! Wäre er nicht der Mann meiner Schwester …

JULIA FILIPPOWNA. Pst … pst … *(Zieht ihn mit sich fort in den Wald.)*

WARWARA MICHAILOWNA *(erschrocken).* Mein Gott! Was ist denn?

OLGA ALEXEJEWNA. Vermutlich klatscht die Suslow'sche. Warja, ich sehe doch – du bist mir böse! Schließlich ist ein Wort, das einem in einem Augenblick der Gereiztheit entschlüpft …

WARWARA MICHAILOWNA *(nachdenklich).* Ich bitte dich, lass das! Ich liebe nichts Geflicktes … auch keine geflickte Freundschaft …

OLGA ALEXEJEWNA *(erhebt sich).* Wie nachtragend du bist! Kannst du es wirklich nicht vergessen? Oder wenigstens verzeihen?

WARWARA MICHAILOWNA *(fest und kühl).* Wir verzeihen zu vieles … Das ist Schwäche … Sie vernichtet die Achtung füreinander … Es gibt jemanden, dem ich sehr viel verziehen habe … jetzt habe ich jeden Wert in seinen Augen verloren …

OLGA ALEXEJEWNA *(nach einer Pause).* Du meinst Sergej Wassiljewitsch? *(Warwara Michailowna gibt keine Antwort, wiegt leise den Kopf und blickt irgendwohin in die Ferne.)* Wie rasch sich die Menschen ändern! Ich erinnere mich an ihn als Studenten … was für ein prächtiger Bursche er damals war! Ein sorgloser, fröhlicher Habenichts … einen guten Kerl nannten ihn die Kameraden … Aber du hast dich wenig geändert: bist immer noch so nachdenklich, ernst, streng … Als man erfuhr, dass du ihn heiratest, sagte, erinnere ich mich, Kirill zu mir: »Mit einer solchen Frau geht Bassow nicht unter. Er ist leichtsinnig und neigt zur Spießigkeit, aber sie …«

WARWARA MICHAILOWNA *(einfach).* Warum sagst du das, Olga? Um mir zu zeigen, dass ich selber eine Null bin?

OLGA ALEXEJEWNA. Warja! Wie kannst du so etwas denken? Ich habe mich nur einfach … an alte Zeiten erinnert …

WARWARA MICHAILOWNA *(mit gedämpfter Stimme, aber sehr klar, als fälle sie das Urteil über sich selbst).* Ja, auch ich bin ein ohnmächtiger, bemitleidenswerter Mensch! Das wolltest du doch sagen? Ich weiß es selber, Olga, weiß es seit langem!

SASCHA *(auf der Terrasse).* Warwara Michailowna, der Herr bittet Sie zu sich.

(Warwara Michailowna geht schweigend ins Haus.)

OLGA ALEXEJEWNA *(Warwara Michailowna folgend).* Warja, hör zu, du hast mich falsch verstanden!

KALERIA *(mit gedämpfter Stimme).* Ein Mensch, der glaubt, die Wahrheit sei entdeckt, ist für mich gestorben. *(Pause. Schalimow raucht.)* Sagen Sie, finden Sie das Leben traurig?

SCHALIMOW. Manchmal sehr.

KALERIA. Oft?

SCHALIMOW. Fröhlich finde ich es nie. Ich habe schon zu viel gesehen, um fröhlich zu sein. Und, offen gesagt, auch die Zeiten sind nicht fröhlich.

KALERIA *(leise).* Das Leben eines jeden denkenden Menschen ist ein schweres Drama.

SCHALIMOW. Ja … Sagen Sie …

KALERIA. Was?

SCHALIMOW *(erhebt sich).* Sagen Sie ehrlich: Gefallen Ihnen meine Erzählungen?

KALERIA *(lebhaft).* Sehr! Besonders die letzten … Sie sind weniger realistisch, sie enthalten weniger grobe Sinnlichkeit! Sie sind voll von jener weichen, warmen Trauer, die die Seele umhüllt wie eine Wolke die Sonne zur Stunde des Untergangs. Nur wenige wissen diese Erzählungen zu schätzen, aber diese wenigen lieben Sie leidenschaftlich.

SCHALIMOW *(lächelnd).* Ich danke Ihnen. Sie haben von neuen Versen gesprochen ... Wollen Sie sie mir nicht vorlesen?

KALERIA. Gut. Irgendwann später. *(Pause. Schalimow neigt schweigend den Kopf zum Zeichen, dass er einverstanden ist. Von rechts aus dem Wald kommen, in Nachdenken versunken, Wlas und Julia Filippowna und gehen auf die Kiefern zu. Wlas setzt sich an den Tisch, stützt den Ellenbogen auf und pfeift leise vor sich hin. Julia Filippowna geht ins Haus.)* Oder lieber gleich?

SCHALIMOW. Was denn – gleich?

KALERIA *(traurig lächelnd).* Sie haben es schon vergessen? ... Wie rasch!

SCHALIMOW *(mit zusammengezogenen Brauen).* Gestatten Sie ... das ist ...

KALERIA *(erhebt sich).* Sie haben mich gebeten, meine Verse vorzulesen. Wollen Sie, dass ich sie gleich lese?

SCHALIMOW *(rasch).* O ja, ich bitte darum! So ein wunderbarer Abend ... das wird nett werden. Sie irren sich, ich habe es nicht vergessen ... ich war nur in Gedanken versunken, habe die Frage nicht verstanden.

KALERIA *(geht ins Haus).* Gut ... Ich werde sie Ihnen vorlesen. Obwohl Sie das doch nicht im Geringsten interessiert.

SCHALIMOW *(folgt ihr mit dem Blick).* Das stimmt nicht, glauben Sie mir!

(Kaleria läuft rasch die Stufen zur Terrasse hinaus, Schalimow zuckt mit den Schultern und schneidet eine Grimasse. Er sieht sich um und erblickt Wlas. Auf dem Weg vom Sommerhaus Suslows kommen Dwojetotschije und Suslow. Beide sind ärgerlich und schweigen.)

SCHALIMOW *(zu Wlas)*. Träumen Sie?

WLAS *(nicht böse)*. Ich pfeife.

(Auf die Terrasse treten heraus: Olga Alexejewna – sie setzt sich in einen Korbsessel neben dem Geländer; Rjumin – er stellt sich seitlich neben sie, sie spricht mit gedämpfter Stimme zu ihm; Bassow – er bleibt neben dem gedeckten Tisch stehen und betrachtet die Speisen. Warwara Michailowna lehnt an einer Säule der Terrasse. Samyslow steht vor ihr.)

BASSOW. Sind alle versammelt? Und Wlas? Marja Lwowna?

WLAS. Ich bin hier.

SAMYSLOW. Wir alle, Warwara Michailowna, sind kompliziert Menschen.

BASSOW *(sich über das Geländer neigend)*. Ausgezeichnet. Jakow, bist du da? Aha!

(Julia Filippowna kommt, leise summend, aus dem Sommerhaus und setzt sich auf die Terrassenstufen. Dwojetotschije steht und hört Samyslow zu. Suslow sieht den Redenden kurz an und geht zu den Kiefern, unter denen schweigend Wlas und Schalimow sitzen.)

SAMYSLOW. Ebendiese Kompliziertheit unserer Psyche macht uns zu den Besten im Lande, mit anderen Worten zur Intelligenz, aber Sie ...

WARWARA MICHAILOWNA *(nervös)*. Die Intelligenz – das sind nicht wir! Wir sind etwas anderes ... Wir sind Sommergäste in unserem Land ... irgendwelche Zugereiste. Wir irren geschäftig umher, suchen nach einem bequemen Plätzchen im Leben ... Wir tun nichts und reden entsetzlich viel.

(Aus dem Hintergrund der Bühne kommen von rechts Marja Lwowna und Sonja.)

BASSOW *(spöttisch).* Besonders glänzend beweist du selbst die Wahrheit deiner Worte.

(Kaleria tritt mit einem Heft in der Hand aus dem Haus, bleibt neben dem Tisch stehen und hört zu.)

WARWARA MICHAILOWNA *(noch nervöser).* Und es ist schrecklich viel Lüge in unseren Gesprächen! Um unsere geistige Armut voreinander zu verbergen, hüllen wir uns in schöne Phrasen, in die billigen Fetzen von Bücherweisheit … Wir sprechen von der Tragik des Lebens, ohne es zu kennen, jammern, klagen und stöhnen gerne …

(Dudakow kommt auf die Terrasse zu und stellt sich so, dass seine Frau ihn nicht sieht.)

RJUMIN *(gereizt).* Man muss gerecht sein! Die Klage des Menschen ist schön … An der Aufrichtigkeit des menschlichen Stöhnens zu zweifeln, ist grausam, Warwara Michailowna.

WARWARA MICHAILOWNA. Genug der Klagen, habt den Mut zu schweigen! Man soll über seine kleinen Kümmernisse schweigen. Verstehen wir nicht zu schweigen, wenn wir mit unserem Leben zufrieden sind? Jeder von uns verschlingt seinen Anteil Glück für sich allein, mit unserem Kummer aber, mit einer winzigen Schramme auf unserem Herzen, gehen wir auf die Straße, zeigen sie allen, schreien und weinen unseren Schmerz in die ganze Welt hinaus! Wir werfen die Speisereste aus unserem Haus hinaus und vergiften damit die Luft in der Stadt … genauso schütten wir alles Gemeine oder Bedrückende aus unseren Seelen den Nächsten vor die Füße. Ich bin überzeugt, dass Hunderte und Tausende von gesunden Menschen zugrunde gehen, die durch unser Klagen und Stöhnen vergiftet und betäubt sind … Wer hat uns das

böse Recht gegeben, die Menschen durch den schwer zu ertragenden Anblick unserer höchst eigenen Geschwüre zu vergiften?
(Schweigen.)

WLAS *(mit gedämpfter Stimme).* Bravo, Warja!

DWOJETOTSCHIJE. Köpfchen! Stimmt!
(Marja Lwowna streichelt schweigend Warwara Michailownas Hand. Auch Wlas und Sonja sind neben ihr. Rjumin schüttelt nervös den Kopf.)

RJUMIN. Ich bitte um's Wort! Gestatten Sie mir … mein letztes Wort dazu zu sagen!

KALERIA. Man muss den Mut haben zu schweigen …

OLGA ALEXEJEWNA *(zu Bassow).* Wie kühn … wie heftig sie auf einmal redet! …

BASSOW. Ja, es hat begonnen zu sprechen Bileams … *(Er bricht den letzten Satz rasch ab und hält erschrocken die Hand vor den Mund. Die erregte Warwara Michailowna hat die Entgleisung ihres Mannes nicht bemerkt, aber viele haben alles gehört und verstanden. Samyslow verlässt rasch die Terrasse, geht auf die Kiefern zu und lacht laut. Schalimow lächelt und schüttelt vorwurfsvoll den Kopf. Wlas und Sonja sehen Bassow verächtlich an; die Übrigen tun, als hätten sie nichts bemerkt. Nach den abgerissenen Bemerkungen, die Warwara Michailownas Worte hervorgerufen haben, tritt ein peinliches Schweigen ein. Suslow hustet und lächelt. Warwara Michailowna bemerkt, dass irgendetwas nicht stimmt, und blickt sich verwirrt um.)*

WARWARA MICHAILOWNA. Es scheint, ich habe … vielleicht … irgendetwas Schroffes, Grobes gesagt? Warum ist alles so seltsam? …

WLAS *(laut).* Nicht du hast etwas Grobes gesagt …

OLGA ALEXEJEWNA *(mit unschuldiger Miene).* Was ist los, Herrschaften?

MARJA LWOWNA *(rasch und mit gedämpfter Stimme).* Wlas, bitte nicht! *(Sie beginnt zu sprechen, um Bassows Entgleisung zu vertuschen. Allmählich lässt sie sich hinreißen, spricht mit Nachdruck und Überzeugung. Schalimow, Suslow und Samyslow hören ihr demonstrativ nicht zu. Dudakow nickt zustimmend. Bassow schaut dankbar zu ihr hin und fordert durch Zeichen auf, ihr zuzuhören.)* Wir müssen alle anders sein, Herrschaften! Wir Kinder von Wäscherinnen, Köchinnen, von gesunden Arbeitern müssen anders sein! Schließlich hat es in unserem Land noch nie gebildete Menschen gegeben, die mit der Masse des Volkes verbunden waren durch die Verwandtschaft des Blutes … Diese Blutsverwandtschaft sollte uns mit dem heißen Wunsch erfüllen, das Leben dieser uns nahestehenden Menschen, die ihr Leben lang nur schuften und in Schmutz und Finsternis ersticken, zu erweitern, zu ändern und zu erhellen … Nicht aus Mitleid, nicht aus Barmherzigkeit müssten wir an der Erweiterung des Lebens arbeiten … wir müssen es um unseretwillen tun … damit wir nicht diese verfluchte Einsamkeit fühlen … damit wir den Abgrund zwischen uns da oben und den uns Nahestehenden dort unten nicht sehen, die von unten auf uns als ihre Feinde, die wir von ihrer Arbeit leben, blicken! Sie haben uns vorausgeschickt, damit wir für sie den Weg zu einem besseren Leben finden … aber wir haben uns von ihnen entfernt und uns verloren, und wir selbst haben diese unsere eigene, von rastloser Hast und innerer Spaltung erfüllte

Einsamkeit geschaffen ... Das ist unser Drama! Aber wir haben es selbst verursacht, wir haben all das, was uns quält, verdient! Ja, Warja! Wir haben nicht das Recht, das Leben mit unserem Stöhnen zu erfüllen.

(Sie ist erschöpft durch die Erregung und setzt sich neben Warwara Michailowna. Schweigen.)

DUDAKOW *(blickt sich im Kreise um).* Ja! ... So ist es! Das ist die Wahrheit!

OLGA ALEXEJEWNA *(rasch).* Du hier? Komm her ...

SCHALIMOW *(lüftet den Hut).* Sind Sie fertig, Marja Lwowna?

MARJA LWOWNA. Ja.

OLGA ALEXEJEWNA *(nimmt ihren Mann beiseite in eine Ecke der Terrasse).* Hast du es gehört? Hast du verstanden? Was für ein Dummkopf, der Bassow!

DUDAKOW *(mit gedämpfter Stimme).* Was hat Bassow damit zu tun?

(Allgemeine Bewegung auf der Terrasse, Warwara Michailowna sieht alle an. Man ist noch nicht sicher, ob Bassows Entgleisung ausgebügelt und vergessen ist.)

OLGA ALEXEJEWNA. Leise! Warwara hat hier so Böses geredet, und er hat sie Bileams Eselin genannt.

DUDAKOW. Der ist ein Hohlkopf! Olga, weißt du, zu Hause ...

OLGA ALEXEJEWNA. Warte! ... Kaleria will Verse vortragen. Nein, das ist immerhin schön, sehr schön! Warwara ist so hochmütig geworden.

(Rjumin steigt bedrückt die Treppenstufen hinunter und geht neben der Terrasse auf und ab.)

SCHALIMOW. Herrschaften, Kaleria Wassiljewna hat sich liebenswürdigerweise bereit erklärt, uns ihre Verse vorzulesen ...

BASSOW. Lies, meine Liebe, rasch!

KALERIA *(verlegen).* Gut, ich lese ... also gut!

SCHALIMOW. Hier ist ein Stuhl für Sie.

KALERIA. Nicht nötig. Warja, welchem Umstand bin ich verpflichtet? Ein solches Interesse für meine Verse erschreckt mich.

WARWARA MICHAILOWNA. Ich weiß nicht. Offenbar hat jemand eine Taktlosigkeit begangen, und alle bemühen sich, sie zu vertuschen.

KALERIA. Also gut, ich lese. Meine Verse werden dasselbe Schicksal erleiden wie deine Worte, Warja. Der bodenlose Morast unseres Lebens verschlingt alles ...

Durch des Herbstes Atem aufgestoben,
Sinken langsam aus der kalten Höh'
Kleine, tote weiße Blumen –
Wunderschöne Flocken Schnee ...

Kreisend sinken sie auf uns're Erde,
Die verschmutzt ist, müde sehr und krank,
Sanft verhüllen sie den Erdenschmutz
Mit dem Schleier, zärtlich und so blank ...

Schwarze, nachdenkliche Vögel ...
Tot sind Sträucher nun und Bäume ...
Aus der kalten Höhe schwebend fallen
Die stummen Flocken wie die Träume ...

(Pause. Alle blicken auf Kaleria, als warteten sie noch auf etwas.)

SCHALIMOW. Hübsch!

RJUMIN *(nachdenklich).*

Kalte, tote weiße Blumen –
Wunderschöne Flocken Schnee ...

WLAS *(erregt).* Auch ich mache Verse, auch ich will meine Verse vortragen!

DWOJETOTSCHIJE *(lacht schallend).* Immer zu!

SCHALIMOW. Ein interessanter Wettstreit!

WARWARA MICHAILOWNA. Wlas, muss das sein?

SAMYSLOW. Wenn das lustig ist – unbedingt!

MARJA LWOWNA. Mein Bester! Ich erinnere Sie – seien Sie Sie selbst!

(Alle blicken auf Wlas' erregtes Gesicht. Es wird sehr still.)

WLAS. Herrschaften! Ich will Ihnen nur zeigen, wie leicht und einfach es ist, den Kopf seines Nächsten mit Versen zu verunreinigen ... Achtung! *(Er rezitiert deutlich, kraftvoll, herausfordernd.)*

Kleine, widerliche Menschlein,
Wandern in der Heimat hin und her,
Mutlos suchen sie ein Plätzchen,
Verstecken sich vorm Leben, das so schwer.

Billig soll das Glück sein, das sie wollen,
Satt sein wollen sie, Bequemlichkeit und Ruh',
Laufen hin und her und stöhnen,
Graue Lügner, Memmen, klagen immerzu.

Niedere Gedanken, die auch noch gestohlen ...
Modische und schöne Wörterlein ...
Leise kriechen von dem Rand des Lebens,
Trüb wie Schatten, Menschen, winzig klein.

(Er steht, nachdem er geendet hat, regungslos da und sieht der Reihe nach Schalimow, Rjumin und Suslow an. Pause. Alle sind verlegen. Kaleria zuckt mit den Schultern. Schalimow steckt sich langsam eine Zigarette an. Suslow ist sehr erregt. Marja Lwowna und Warwara

Michailowna treten, offenbar irgendetwas befürchtend, auf Wlas zu.)

DUDAKOW *(leise, aber vernehmlich).* Da-as ist unerhört treffend! Das ist ... wissen Sie ... erschreckend richtig!

JULIA FILIPPOWNA. Bravo! Das gefällt mir!

DWOJETOTSCHIJE. Der hat es uns gegeben! ... Ach, du ... meine arme Seele!

KALERIA. Grob ... Böse ... Und wozu?

SAMYSLOW. Nicht vergnüglich ... Nein!

SCHALIMOW. Gefällt es dir, Sergej?

BASSOW. Mir? Nun ja, die Reime sind, weißt du, ein bisschen schwach ... Aber als Scherz betrachtet ...

SAMYSLOW. Für einen Scherz ist das zu ernst.

JULIA FILIPPOWNA *(zu Schalimow).* Ach, wie geschickt Sie sich verstellen!

SUSLOW *(gallig).* Gestatten Sie, dass jetzt ich, ein ungebildeter Mensch ... antworte auf dieses ... entschuldigen Sie, ich weiß nicht recht, wie ich ... diese Art von Dichtung nennen soll. Sie, Wlas Michailowitsch ... ich werde Ihnen nicht antworten ... Ich wende mich unmittelbar an die Quelle Ihrer Inspiration ... an Sie, Marja Lwowna!

WLAS. Was soll das heißen? Sie! Nehmen Sie sich in Acht!

MARJA LWOWNA *(stolz).* An mich? Das ist seltsam ... aber bitte, ich höre!

SUSLOW. Durchaus nicht seltsam, denn mir ist bekannt, dass gerade Sie die Muse dieses Dichters sind.

WLAS. Keine Abgeschmacktheiten!

JULIA FILIPPOWNA *(weich).* Ohne Abgeschmacktheiten kommt er nicht aus.

SUSLOW. Ich bitte, mich nicht zu stören ... Sobald ich am Ende bin, will ich mich, soweit Sie es wünschen, für alles, was ich jetzt sagen werde, verantworten … Sie, Marja Lwowna, sind ein sogenannter Ideenmensch … Sie sind da irgendwo mit etwas Geheimnisvollem beschäftigt … vielleicht mit etwas Großem, Historischem, aber das ist schon nicht meine Angelegenheit! … Offenbar sind Sie der Meinung, dass diese Ihre Tätigkeit Ihnen das Recht gibt, die Menschen von oben herab zu behandeln.

MARJA LWOWNA *(ruhig)*. Das ist nicht wahr!

SUSLOW. Sie sind bestrebt, alle zu beeinflussen und zu belehren … Sie haben diesen jungen Mann darauf eingestimmt, andere zu entlarven …

WLAS. Was faseln Sie da zusammen?

SUSLOW *(boshaft)*. Geduld, junger Mann! Ich habe Ihre Ausfälle bis auf den heutigen Tag schweigend erduldet! … Ihnen, verehrte Marja Lwowna, möchte ich sagen, dass wir unsere Gründe haben, anders zu leben, als Sie es wünschen! Wir haben uns in unserer Jugend genug erregt und genug gehungert; da ist es nur natürlich, wenn wir im reiferen Alter viel und schmackhaft essen und trinken und uns ausruhen wollen … uns überhaupt für das unruhige, hungrige Leben in unserer Jugend im Übermaß belohnen wollen …

SCHALIMOW *(trocken)*. Darf ich fragen, wer ist das – wir?

SUSLOW *(immer hitziger)*. Wir? Das bin ich, Sie, das ist er und er, das sind wir alle. Ja, ja … wir alle sind Kinder von Kleinbürgern, von armen Leuten … Wir, sage ich, haben uns in unserer Jugend durchgehungert und erregt … Wir wollen im reiferen Alter essen und unsere Ruhe haben – das ist unsere ganze Psychologie. Ihnen, Marja Lwowna, missfällt sie, aber sie ist durchaus natürlich und kann gar nicht anders sein! Vor allem anderen, verehrte Marja

Lwowna, kommt der Mensch, und erst danach alle sonstigen Dummheiten … und darum sollen Sie uns in Frieden lassen! Und deshalb, weil Sie auf uns schimpfen und andere dazu aufwiegeln, weil Sie uns Feiglinge und Faulpelze nennen, wird sich von uns niemand in eine gesellschaftliche Tätigkeit stürzen … Nein! Niemand!

DUDAKOW. Welcher Zynismus! Hören Sie lieber auf!

SUSLOW *(immer hitziger).* Aber für mich möchte ich Ihnen sagen: Ich bin kein Jüngling mehr! Mich zu belehren, Marja Lwowna, ist zwecklos! Ich bin ein erwachsener Mensch, ein durchschnittlicher russischer Mensch, ein russischer Bürger! Ich bin ein Bürger und weiter nichts! Das ist mein Lebensplan. Ich bin gerne ein Bürger … Ich werde leben, wie es mir passt! Und am Ende pfeife ich auf Ihr Geschwätz … auf Ihre Appelle … auf Ihre Ideen! *(Er drückt den Hut in die Stirn und entfernt sich rasch in Richtung seines Sommerhauses. Allgemeine Verwirrung. Samyslow, Bassow und Schalimow gehen beiseite, wobei sie sich lebhaft und leise unterhalten. Warwara Michailowna und Marja Lwowna bilden eine Gruppe für sich. Julia Filippowna, Dwojetotschije und Dudakow mit Ehefrau bilden auch eine Gruppe. Allgemeines nervöses Stimmengewirr. Kaleria steht bedrückt unter einer der Kiefern, Rjumin geht rasch auf und ab.)*

WLAS *(greift sich an den Kopf und geht beiseite).* Hol mich der Teufel! Hol's der Teufel!

(Sonja folgt ihm und sagt irgendetwas zu ihm.)

MARJA LWOWNA. Aber das ist doch Hysterie! So bloßstellen kann sich nur ein psychisch Kranker!

RJUMIN *(zu Marja Lwowna).* Sehen Sie … sehen Sie nun, wie furchtbar die Wahrheit ist?

WARWARA MICHAILOWNA. Wie bedrückend das ist!

DWOJETOTSCHIJE *(zu Julia Filippowna).* Ich verstehe nichts ... verstehe nicht das Geringste!

JULIA FILIPPOWNA. Marja Lwowna, meine Liebe, sagen Sie, hat er Sie beleidigt, ja?

MARJA LWOWNA. Mich? Nein. Er hat sich selbst beleidigt!

DWOJETOTSCHIJE. Seltsame Dinge gehen bei euch vor sich, meine Herrschaften!

DUDAKOW *(zu seiner Frau).* Warte mal ... *(Zu Dwojetotschije.)* Das ist eine Eiterbeule! Verstehen Sie, eine seelische Eiterbeule, die aufgebrochen ist ... Kann jedem von uns passieren ... *(Er fuchtelt aufgeregt mit den Händen, stottert stark und kann nicht weitersprechen.)*

JULIA FILIPPOWNA. Nikolai Petrowitsch ...

SAMYSLOW *(auf sie zutretend).* Hat Sie das verstimmt?

JULIA FILIPPOWNA. Nicht im Geringsten ... Aber es ist mir peinlich, hierzubleiben. Begleiten Sie mich!

SAMYSLOW. Wie dumm, nicht wahr? Und wie bedauerlich – der Prinzipal hatte, wissen Sie, eine essbare Überraschung für uns vorbereitet!

JULIA FILIPPOWNA. Hören Sie auf! Von den Überraschungen habe ich genug!

(Sie gehen ab.)

SCHALIMOW *(auf Kaleria zutretend).* Wie finden Sie das?

KALERIA. Das ist schrecklich. Als ob der Schlamm vom Grunde eines Sumpfes aufgestiegen wäre und mich würgt, würgt! ...

(Bassow geht auf Wlas zu und fasst ihn schweigend am Ärmel.)

WLAS. Womit kann ich dienen?

BASSOW *(nimmt ihn beiseite).* Auf ein paar Worte.

RJUMIN *(auf Warwara Michailowna zutretend, außer sich).* Warwara Michailowna, dieser Orkan galliger Spießigkeit hat meine Seele zerschmettert … und mich … umgeworfen. Ich gehe … leben Sie wohl! Ich war gekommen, um Abschied von Ihnen zu nehmen … Ich wollte einen stillen Abend bei Ihnen verbringen … den letzten! Ich gehe für immer. Leben Sie wohl!

WARWARA MICHAILOWNA *(ohne ihm zuzuhören).* Wissen Sie, was ich denke? Mir scheint, Suslow ist aufrichtiger als ihr alle! Ja, ja, aufrichtiger! Er war grob, aber er hat die Wahrheit erbarmungslos gesagt, die die anderen nicht auszusprechen wagen!

RJUMIN *(zurückweichend).* Das ist alles? Das ist Ihr Lebewohl! Mein Gott! *(Er geht in den Hintergrund der Bühne.)*

BASSOW *(zu Wlas).* Nun, mein Bester, da haben Sie sich aber hervorgetan! Was soll jetzt werden? Sie haben meine Schwester beleidigt … und Jakow, der … ein Schriftsteller ist! Ein von allen geachteter Schriftsteller! Dazu Suslow … und schließlich Rjumin! Sie müssen sich entschuldigen …

WLAS. Wa-as? Ich? Mich entschuldigen? Bei denen?

BASSOW. Je, nun, was ist schon dabei, das macht nichts! Sagen Sie einfach, es sollte ein Scherz sein, ich wollte alle erheitern und bin zu weit gegangen … Man wird Ihre Entschuldigung annehmen, alle sind Ihre Entgleisungen gewöhnt … denn alle wissen, dass Sie im Grunde ein Clown sind.

WLAS *(schreit ihn an).* Machen Sie, dass Sie fortkommen! Sie sind selber ein Clown! Sie Hampelmann!

SONJA. Herrschaften! Habt Erbarmen!

WARWARA MICHAILOWNA. Wlas, was soll das?

MARJA LWOWNA. Aber das ist doch eine Welle des Irrsinns …

DWOJETOTSCHIJE. Wlas, Sie sollten lieber gehen!

BASSOW. Nein, gestatten Sie, ich bin auch beleidigt!

WARWARA MICHAILOWNA. Sergej, ich bitte dich! Wlas!

BASSOW. Nein! Ich bin kein Hampelmann!

WLAS. Nur die Achtung vor meiner Schwester erlaubt mir nicht, Ihnen zu sagen …

WARWARA MICHAILOWNA. Wlas, hüte dich … *(Kaleria tritt hinzu.)*

SASCHA *(zu Warwara Michailowna).* Soll ich das Essen auftragen?

WARWARA MICHAILOWNA. Gehen Sie weg!

SASCHA *(mit gedämpfter Stimme zu Dwojetotschije).* Wär' schon besser, das Essen aufzutragen! Wenn der Herr das Essen sieht, wird er aufhören, sich zu ärgern.

DWOJETOTSCHIJE. Mach, dass du fortkommst!

BASSOW *(zu Wlas).* Nein, ich bitte Sie! *(Brüllt ihn plötzlich wütend an.)* Sie Bengel!

KALERIA. Sergej, das ist Irrsinn!

BASSOW. Er ist ein Bengel! Jawohl! Das ist ein Faktum!

SCHALIMOW *(fasst Bassow unter und zieht ihn mit sich fort zum Sommerhaus. Sascha folgt ihnen).* So hör schon auf!

MARJA LWOWNA. Wlas Michailowitsch! Wie konnten Sie nur?

WLAS. Bin ich etwa schuld? Ich etwa?

SASCHA. Gnädiger Herr! Soll ich das Abendessen auftragen?

BASSOW. Gehen Sie! Ich bin hier ein Nichts! Ich habe in meinem eigenen Hause … *(Er geht hinein.)*

MARJA LWOWNA *(zu Sonja)*. Bring ihn zu uns! *(Zu Wlas.)* Gehen Sie, mein Lieber!

WLAS. Verzeihen Sie mir, verzeihen Sie! Und auch du, Schwester, verzeih! Ich bin schuld. Mein unglückliches Schwesterlein! Geh von hier fort! Geh fort!

WARWARA MICHAILOWNA *(mit gedämpfter Stimme)*. Wohin? Wohin soll ich gehen?

DWOJETOTSCHIJE. Zum Beispiel zu mir, nein, wirklich! Wie schön das wäre!

(Niemand hört seine Worte. Er seufzt aus tiefstem Herzen und geht langsam zum Sommerhaus Suslows.)

MARJA LWOWNA. Kommen auch Sie zu mir, Warja, kommen Sie!

WARWARA MICHAILOWNA. Gut, ich komme … Wlas … ich komme … später …

(Warwara Michailowna geht ins Sommerhaus, Marja Lwowna folgt ihr. Wlas und Sonja wenden sich in den Wald. Auch Kaleria geht wankend und zerschlagen auf das Sommerhaus zu.)

OLGA ALEXEJEWNA. Ist das ein Skandal! Und wie plötzlich alles gekommen ist! Hast du irgendetwas verstanden, Kirill?

DUDAKOW. Ich? Ich verstehe! O ja! Eines Tages mussten wir uns alle zuwider werden! … Und nun sind wir uns zuwider geworden! Wlas hat genau ins Schwarze getroffen, Olga! Haargenau! Aber du musst nach Hause.

OLGA ALEXEJEWNA. Warte! Das ist so interessant! Vielleicht passiert noch etwas.

DUDAKOW. Ach, Olga, das ist nicht schön von dir! Und du musst nach Hause … Dort schreien und weinen sie alle. Wolka hat die Kinderfrau beschimpft, sie ärgert sich, und er behauptet, sie hat ihn am Ohr gezogen … Und überhaupt gibt es da lauter Katastrophen. Ich sage dir schon seit langem – du musst nach Hause gehen.

OLGA ALEXEJEWNA. Das stimmt nicht! Das hast du nicht gesagt!

DUDAKOW. Habe ich doch! Wir standen dort drüben, du erzähltest gerade irgendetwas von Bassow, und da hab ich es dir gesagt.

OLGA ALEXEJEWNA. Du hast mir nichts gesagt, Kirill!

DUDAKOW. Ich verstehe nicht, warum streitest du? Ich weiß doch noch genau: Geh nach Hause, hab ich zu dir gesagt …

OLGA ALEXEJEWNA. Du konntest mir gar nicht gesagt haben: Geh nach Hause! So spricht man nur mit Kindern und Dienstboten.

DUDAKOW. Olga! Du bist eine zänkische Frau!

OLGA ALEXEJEWNA. Ja? Schämst du dich nicht, Kirill! Du hast versprochen, dich zu beherrschen.

DUDAKOW *(geht fort von ihr)*. Rede nicht! Das … das ist albern! Das ist Weibergekeif!

OLGA ALEXEJEWNA *(geht hinter ihm her)*. Albern, Kirill? Ich bin ein Weib? *(Unter Tränen.)* Gut, ich danke dir! *(Sie verschwinden im Wald. Die Bühne bleibt mehrere Sekunden leer. Es wird dunkel. Bassow und Schalimow treten aus dem Haus auf die Terrasse.)*

SCHALIMOW *(zu Bassow)*. Mein Freund, man muss ein bisschen Philosoph sein! Sich über eine Nichtigkeit aufzuregen, ist lächerlich …

BASSOW. Ist aber doch ärgerlich! Ein Bengel! Ein Grünschnabel! Sei mir nicht böse, ja?

SCHALIMOW. Solche Entgleisungen wie die Entgleisung

dieses … Coupletsängers aus einer misslungenen … findest du in den Boulevardblättern jeden Tag. Aber wen rührt das, mein Freund?

(Sie verlassen die Terrasse und bleiben unter der Kiefer stehen; Suslow tritt rasch auf sie zu.)

SUSLOW. Sergej Wassiljewitsch! Ich komme zurück … Ich sehe ein, dass ich mich bei dir entschuldigen muss *(zu Schalimow)* und bei Ihnen auch. Ich habe mich hinreißen lassen …. Aber sie hat mich schon lange empört … sie und ihresgleichen sind mir organisch zuwider … Ich hasse ihr Gesicht, ihre Art zu sprechen.

BASSOW. Ich verstehe dich, Verehrter, ich verstehe dich sehr gut! Der Mensch muss weich und zartfühlend sein.

SCHALIMOW *(trocken)*. Sie sind aber mit Ihrer Charakteristik über das Ziel hinausgeschossen … jawohl …

BASSOW *(eilig)*. Ach, lass doch! Ich unterschreibe alles, was er gesagt hat, bei Gott! Und diese feine Dame würde ich, ehrlich gesagt … der würde ich so …

SUSLOW. Alle Frauen sind Schauspielerinnen, das ist es! Die russischen Frauen sind vor allem dramatische Schauspielerinnen … sie möchten immer nur Heldinnen spielen …

BASSOW. Ja – ja, die Frauen – schwer, mit ihnen auszukommen!

(Warwara Michailowna und Marja Lwowna treten auf die Terrasse heraus.)

SCHALIMOW. Wir machen uns selber diese Schwierigkeiten. Wir müssen uns sagen – die Frauen sind immer noch eine mindere Rasse.

BASSOW *(als spreche er in Worten, die nicht die seinen sind)*. Natürlich … ja, mein Freund! Die Frau steht dem Tier näher als unsereins. Um die Frau seinem Willen zu unterwerfen, muss man sich eines weichen, aber kraftvollen und in seiner Kraft schönen, unbedingt schönen, Despotismus bedienen.

(Rechts, im Wald, ertönt ein Schuss. Er wird von niemandem beachtet.)

SUSLOW. Man muss einfach dafür sorgen, dass sie öfters schwanger ist, dann hat man sie ganz in der Hand.

WARWARA MICHAILOWNA *(gedämpft, aber mit Nachdruck).* Was für eine Abscheulichkeit! …

MARJA LWOWNA. Mein Gott, das ist ja etwas wie Fäulnis! Wie Leichen, die verwesen … Gehen Sie fort von hier, Warja!

(Suslow geht leise davon und hustet trocken.)

BASSOW *(stürzt rasch zu seiner Frau).* Hier hast du aber, Pjotr, zu sehr … Hier hast du übertrieben … überzogen!

WARWARA MICHAILOWNA *(zu Schalimow).* Sie! Sie!

Schalimow *(nimmt den Hut ab und zuckt mit den Schultern).* Was ist mit mir?

MARJA LWOWNA. Kommen Sie schnell, Warja! … Fort von hier!

(Sie zieht Warwara Michailowna mit sich fort. Bassow blickt ihnen verwirrt nach.)

BASSOW. Hol's der Teufel! … Sie haben gelauscht … hach!

SCHALIMOW *(spöttisch lächelnd).* Nun, mein Lieber … du bist ein schlechter Kamerad.

BASSOW *(betrübt, beunruhigt).* Warum musste er auch … der Satan! … So etwas von galligem Ungeheuer! … Wie kann man so etwas so unvorsichtig aussprechen? Puh!

SCHALIMOW *(trocken).* Ich reise morgen ab. Es ist hier kühl und ein bisschen feucht … ich geh hinein.

BASSOW *(verzagt)*. Und dort heult meine Schwester! Das ist ein Faktum! …

(Sie gehen ab. Stille. Pustobaika und Kropilkin kommen hinter der Ecke des Bassow'schen Sommerhauses hervor, beide sind warm angezogen und haben Knarren und Pfeifen. Aus Suslows Sommerhaus dringen Akkorde auf dem Klavier herüber. Dann singen Julia Filippowna und Samyslow das Duett: »Der schon ermattete Tag.«)

PUSTOBAIKA. So, du gehst den Abschnitt ab und ich diesen; wir zeigen uns, und dann in die Küche zur Stepanida – Tee trinken!

KROPILKIN. Wir sind zu früh los … schläft doch noch niemand!

PUSTOBAIKA. Man muss den Schein wahren! Los, geh schon …

KROPILKIN *(wendet sich nach links)*. Ja doch … O Gott!

PUSTOBAIKA. Wie viel Müll … die Teufel! Diese Sommergäste sind wie die Ausflügler … tauchen auf, verdrecken alles, und fort sind sie … Und du kannst danach aufräumen und auffegen …

(Er rumort laut und ärgerlich mit der Knarre und pfeift. Kropilkin antwortet mit einem Pfiff. Pustobaika geht weg. Kaleria kommt aus dem Haus und lässt sich, traurig und nachdenklich, unter den Kiefern nieder. Sie horcht auf den Gesang, wiegt den Kopf und fällt leise ein. Rechts im Wald erklingt die Stimme Pustobaikas.)

PUSTOBAIKA *(laut, beunruhigt)*. Wer ist da? Was? Ach du meine Güte!

(Kaleria horcht erschrocken auf.)

PUSTOBAIKA *(führt Rjumin, den er untergefasst hat, herein)*. Zu Bassow, ja?

KALERIA. Sergej! Sergej! …

RJUMIN. Einen Arzt … ich bitte Sie!

KALERIA. Pawel Sergejewitsch! Sie? Was ist mit Ihnen? Was ist mit ihm?

PUSTOBAIKA. Ich komme daher, und er kriecht mir entgegen … auf der Erde … er sagt, er ist verwundet …

KALERIA. Sie sind verwundet? Sergej, schick nach Marja Lwowna! Rasch, einen Arzt …

BASSOW *(kommt aus dem Haus geeilt)*. Was hast du? Was ist das?

RJUMIN. Verzeihen Sie mir!

KALERIA. Wer hat Sie verwundet?

PUSTOBAIKA *(brummt)*. Wer wird hier schon jemanden verwunden? Er war's selber. Hier – die Pistole … *(Er holt einen Revolver aus der Jacke hervor und betrachtet ihn ruhig und aufmerksam.)*

BASSOW. Sie sind es? Und ich dachte – Samyslow … ich dachte, dass ihn Pjotr … *(Er eilt davon und ruft.)* Marja Lwowna!

SCHALIMOW *(mit einem Plaid um die Schultern)*. Was ist … wer ist das? Was ist geschehen?

KALERIA. Haben Sie große Schmerzen?

RJUMIN. Ich schäme mich … ich schäme mich!

SCHALIMOW. Vielleicht ist es nicht gefährlich?

RJUMIN. Bringen Sie mich von hier fort … Ich will nicht, dass sie es sieht … bringen Sie mich fort! Ich bitte Sie darum!

KALERIA *(zu Schalimow)*. So gehen Sie schon … rufen Sie jemanden …

(Schalimow geht zum Sommerhaus Suslows. Man hört abgerissene Ausrufe und das Geräusch von laufenden

Menschen. Dann erscheinen: Marja Lwowna, Warwara Michailowna, Sonja und Wlas.)

MARJA LWOWNA. Sie? Ach! ... Sonja, hilf mir! Zieh ihm die Jacke aus ... ruhig, reg dich nicht auf ...

WARWARA MICHAILOWNA. Pawel Sergejewitsch ...

RJUMIN. Verzeihen Sie mir! Ich hätte mich auf der Stelle ... aber wenn ein Mensch ein kleines Herz hat und dieses Herz heftig klopft ... ist es gar nicht so einfach, es zu treffen.

WARWARA MICHAILOWNA. Weshalb? Weshalb haben Sie? ...

KALERIA *(schreit Rjumin hysterisch an).* Das ist grausam ... *(Sie besinnt sich plötzlich.)* Was rede ich da! Verzeihen Sie mir!

WLAS *(zu Kaleria).* Gehen Sie, das schadet Ihnen nur ... gehen Sie, meine Liebe!

(Er tritt auf die Kiefern zu. Es eilen herbei: Suslow und Dwojetotschije, dieser in bloßer Weste, mit übergeworfenem Mantel und ohne Hut; dann Samyslow und Julia Filippowna, der zerzauste und gereizte Dudukow und schließlich die eingeschüchterte, fassungslose Olga Alexejewna.)

MARJA LWOWNA. Aha! Da ist es! ... Nun, das scheint nicht der Rede wert zu sein!

RJUMIN. Man kommt ... Warwara Michailowna, geben Sie mir Ihre Hand.

WARWARA MICHAILOWNA. Weshalb das alles?

RJUMIN. Ich liebe Sie ... ich kann ohne Sie nicht leben!

WLAS *(durch die Zähne).* Hol dich der Teufel ... mit deiner Liebe!

KALERIA *(laut flüsternd).* So dürfen Sie nicht reden! Tötet die Sterbenden nicht!

MARJA LWOWNA *(zu Warwara Michailowna).* Gehen Sie lieber, gehen Sie! Und Sie, mein Herr, machen Sie sich keine Sorgen, Ihre Wunde ist völlig harmlos ... Ah, da ist ja auch der Doktor!

DUDAKOW. Nun, was ist? Verwundet? ... Was, die Schulter? Aber wer schießt sich denn in die Schulter? Man schießt sich in die linke Seite ... oder in den Schädel ... sofern es ernst ist.

MARJA LWOWNA. Kirill Akimowitsch, was reden Sie da?

DUDAKOW. Ach ... ja! Entschuldigen Sie! Nun ... haben Sie ihn verbunden? Gut ... tragt ihn fort ...

BASSOW. Tragt ihn zu uns ... ja, Warja?

RJUMIN. Das ist nicht nötig ... Ich kann gehen.

DUDAKOW. Können Sie das? Na, ausgezeichnet!

RJUMIN *(versucht zu gehen, wankt, Bassow und Suslow stützen ihn).* Ja ... da hat er schon erfolglos gelebt und nicht mal zu sterben vermocht ... ein erbärmlicher Mensch! *(Man führt ihn ins Haus. Dudakow begleitet ihn.)*

JULIA FILIPPOWNA. Er hat recht ...

SAMYSLOW *(verzagt).* Was für ein trauriges Vaudeville!

PUSTOBAIKA *(zu Dwojetotschije).* Den Herrn hab nämlich ich hierhergeschafft.

DWOJETOTSCHIJE. Aha ... gut!

PUSTOBAIKA. Ich meine, ich sollte von jemandem ein Trinkgeld für die Ruhestörung bekommen.

DWOJETOTSCHIJE *(vorwurfsvoll).* Was bist du für einer, Bruder! *(Er gibt ihm Geld.)*

PUSTOBAIKA. Danke!

KALERIA *(zu Warwara Michailowna).* Wird er sterben?

Das hätte ich tun sollen, und nicht er, stimmt's nicht, Warja?

WARWARA MICHAILOWNA. Schweig schon ... hör auf! *(Hysterisch.)* Wie widerwärtig wir alle sind ... Oh! Warum?

SCHALIMOW *(zu Marja Lwowna).* Was ... ist die Wunde sehr gefährlich?

MARJA LWOWNA. Nein ...

SCHALIMOW. Hm ... ein unangenehmer Vorfall! ... Warwara Michailowna, gestatten Sie ...

WARWARA MICHAILOWNA *(zusammenzuckend).* Was ist?

SCHALIMOW. Sie haben vor einigen Minuten Worte gehört ...

(Bassow, Suslow und Dudakow kommen heraus.)

BASSOW. So, wir haben ihn hingelegt.

WARWARA MICHAILOWNA. Lassen Sie! Ich glaube nicht ... ich will keine Erklärungen! Ich hasse euch alle mit niemals endendem Hass. Ihr seid erbärmliche Menschen, unglückselige Krüppel!

WLAS. Warte, Schwester, lass mich das sagen ... ich weiß! Ihr habt euch alle verkleidet! Solange ich lebe, werde ich die Fetzen von euch herunterreißen, mit denen ihr eure Verlogenheit zu verbergen sucht ... eure Spießigkeit ... die Armseligkeit eurer Gefühle und die Verworfenheit eures Gedankens!

(Schalimow zuckt mit den Achseln und geht beiseite.)

MARJA LWOWNA. Hört auf! Es ist nutzlos!

WARWARA MICHAILOWNA. Nein! Sollen diese Leute es hören! Ich habe mein Recht, offen mit ihnen zu reden, teuer bezahlt! Sie haben meine Seele verstümmelt, mir das ganze Leben vergiftet! Bin ich denn immer so gewesen? Ich glaube nicht … ich glaube an gar nichts mehr! Ich habe keine Kraft … ich habe nichts, wovon ich leben könnte! Bin ich denn immer so gewesen?

JULIA FILIPPOWNA *(traurig)*. Das sage auch ich! Das kann auch ich sagen!

OLGA ALEXEJEWNA *(zu ihrem Mann)*. Schau dir Warwara an, schau auf ihr Gesicht … siehst du, wie böse sie ist! … *(Dudakow wehrt seine Frau mit der Hand ab.)*

BASSOW. Warja, genug! Kann man all das nicht anders sagen? Was ist denn eigentlich geschehen? Nun gut, dieser Rjumin ist dumm … lohnt es sich denn, sich seinetwegen …

WARWARA MICHAILOWNA. Geh fort, Sergej!

BASSOW. Du, mein Freund …

WARWARA MICHAILOWNA. Ich bin niemals dein Freund gewesen … und du nicht meiner … nie! Wir waren nur Mann und Frau. Jetzt sind wir Fremde. Ich gehe!

BASSOW. Wohin? Aber schämst du dich nicht, Warja! Hier vor den Leuten, auf der Straße!

(Im Hintergrund der Bühne steht unbeweglich Suslow.)

WARWARA MICHAILOWNA. Hier gibt es keine Leute …

MARJA LWOWNA. Kommen Sie, Warja …

JULIA FILIPPOWNA. Ach, hindert sie nicht! Soll sie alles sagen!

DWOJETOTSCHIJE *(betrübt)*. Hach, Herrschaften! Ihr habt mich in tiefster Seele getroffen … hach, Herrschaften!

KALERIA *(zu Marja Lwowna)*. Hören Sie, was ist denn? Was ist denn nun?

MARJA LWOWNA. Beruhigen Sie sich! Helfen Sie mir, sie von hier fortzubringen!

WARWARA MICHAILOWNA. Ja, ich gehe! Und möglichst

weit weg von hier, wo alles ringsum verwest und sich zersetzt ... Möglichst weit von diesen Nichtstuern! Ich will leben! Und ich werde leben ... und irgendetwas tun ... gegen euch! Ja, gegen euch! *(Sie blickt sich im Kreise um und ruft verzweifelt aus.)* Oh, seid verflucht!

WLAS. Geh, Schwester! Genug jetzt, hör auf! *(Er fasst sie unter und zieht sie mit sich fort.)*

BASSOW *(zu Schalimow).* So hilf mir doch, all dem ein Ende zu setzen!

SCHALIMOW *(gelassen, mit spöttischem Lächeln).* Gib ihr kaltes Wasser ... Was denn noch?

JULIA FILIPPOWNA *(auf Warwara Michailowna zutretend).* Ach, wenn auch ich von hier fort könnte!

BASSOW. Warja! Wo willst du hin? Marja Lwowna, das ist nicht schön von Ihnen! Sie sind Ärztin, Sie müssen beruhigen.

MARJA LWOWNA. Lassen Sie mich in Frieden!

DWOJETOTSCHIJE *(zu Bassow).* Ach, Sie unschuldiger Bösewicht! *(Er folgt Warwara Michailowna und Wlas nach rechts in den Wald.)*

KALERIA *(schluchzend).* Und ich? Wo soll ich hin?

SONJA *(tritt auf sie zu).* Kommen Sie zu uns ... kommen Sie! *(Sie führt Kaleria mit sich fort.)*

JULIA FILIPPOWNA *(ruhig und irgendwie unheildrohend).* Nun, Pjotr Iwanowitsch! ... Gehen wir ... setzen wir unser Leben fort ...

(Suslow bleckt schweigend die Zähne und folgt ihr.)

BASSOW. Was soll denn das heißen? Sind sie plötzlich alle von Sinnen? Dieser Rjumin! So ein Dummkopf, was? Alles nur seine albernen Nerven! ... Jakow, warum schweigst du? Warum lachst du? Du glaubst, es ist nicht ernst? So unerwartet! Bums – und alles ist zum Teufel! Was mache ich denn nun?

SCHALIMOW. Mein Freund, beruhige dich! All das ist nur Rhetorik auf der Basis von Hysterie … glaube mir! *(Er fasst Bassow unter und führt ihn zum Sommerhaus. Dudakow kommt, die Hände auf dem Rücken, heraus und geht langsam nach rechts: dort erwartet ihn schweigend, regungslos unter den Bäumen stehend, seine Frau.)*

BASSOW. Ach … hol alles der Teufel!

SCHALIMOW *(spöttisch)*. Beruhige dich … du siehst, die Suslows gehen hin, um ihr bisheriges Leben fortzusetzen … Komm, setzen auch wir ruhig das unsere fort …

OLGA ALEXEJEWNA. Kirill … wird er sterben?

DUDAKOW *(mürrisch)*. Nein … Gehen wir … Niemand wird sterben …

(Sie wenden sich in den Wald.)

SCHALIMOW. All das, mein Freund, ist so belanglos … die Menschen wie die Begebenheiten … Gib mir ein Glas Wein! … All das ist so nichtig, mein Freund …

(Er trinkt. Im Walde pfeifen leise und anhaltend die Wächter.)

(Vorhang.)

Zu dieser Ausgabe

Die Übersetzung folgt der Gesamtausgabe:

> Maksim Gor'kij: Polnoe sobranie sočinenij, Chudožestvennye proizvedenija v dvadcati pjati tomach. Tom VII: P'esy, dramatičeskie nabroski. Moskau: Izdatel'stvo Nauka, 1970. Str. 183–294.

Russische Namen werden im Folgenden in wissenschaftlicher Umschrift wiedergegeben (nicht Maxim Gorki, sondern Maksim Gor'kij usw.).

Anmerkungen

Personen

Einige der Personen tragen sprechende Namen:

6,17 *Samyslow:* etwa: 1. der Komplizierte; 2. derjenige, der einen Plan hat, etwas (Böses) im Schilde führt. – Vgl. Vasilij Novikov (*Tvorčeskaja laboratorija Gor'kogo-dramaturga*, Moskau 1965, S. 35 f.), der auf diesen Bedeutungsnamen aufmerksam macht und Samyslow einen »Geschäftsmann der neuen Zeit« nennt, »einen Räuber, der sich an die Zeit anpassen und die neuen Lebensumstände für seine persönlichen und eigensüchtigen Interessen zu nutzen versteht«.

6,21 *Pustobaika:* etwa: Lügner, Schwätzer.

6,22 *Kropilkin:* etwa: derjenige, der (mit Weihwasser) besprengt, bespritzt.

6,16 *Dwojetotschije:* Doppelpunkt.

Die Wortbildung der ersten drei Namen beruht auf der Anspielung; auf ihre Bedeutung wird damit hingewiesen, sie ist aber nicht festgelegt. Der Name Dwojetotschije ist im Unterschied dazu ein eindeutiger, als solcher in der Sprache vorhandener Begriff. Im Text wird er als sprechender Name ausgespielt (S. 29 und 126). Er wurde in vorliegender Textfassung nicht übersetzt, um nicht den Eindruck aufkommen zu lassen, dass Dwojetotschije ein Deutscher sei.

Erster Akt

8,25 *Das ist ein Faktum:* Novikov ([s. Anm. zu 6,18], S. 29 f.) verweist auf die Schwatzhaftigkeit Bassows und nennt in diesem Zusammenhang die Wiederholung der Wendung, die hier zum Leitmotiv einer Person wird. Einerseits ist die Wendung eine leere Phrase. Besonders unterstreicht dies der Vergleich mit dem Entengeschnatter (S. 120, russ. *fakt*). Andrerseits spielt die Redewendung auf die Faktengläubigkeit Bassows an. Faktengläubigkeit ist bei Gor'kij immer die Ideologie des Kleinbürgertums.

16,27 f. *Knarre eines Nachtwächters:* ein Holzstock, an dem Holztäfelchen befestigt sind, die beim Drehen des Stocks an ihn klopfen; vor Einführung der Straßenbeleuchtung in Kleinstädten oder Dörfern üblich. Das Pfeifen und die Knarre der Nachtwächter, nicht zuletzt im Kontrast zum Klavierspiel der »Sommergäste«, bilden eine akustische Untermalung des Gegensatzes von Volk und Intelligenz. Die satirische Funktion des Pfeifens wird ausdrücklich benannt (S. 22) und steigert sich zum Schluss des Dramas (S. 130 und 153).

23,3 *Martha, Martha, du hast viel Sorge und Mühe:* ein Bibelzitat aus Lukas 10,41; dort setzt sich Maria zu Füßen Jesu und hört ihm zu; die fleißige Martha, die derweil die Hausarbeit besorgt, macht ihrer Schwester Maria deswegen Vorwürfe.

25,1 *»Ewiges Angedenken«:* orthodoxer kirchlicher Gesang auf den Toten in der Trauerfeierliturgie. Die Melodie kann 1904 in Russland als dem Zuschauer bekannt vorausgesetzt werden und bildet einen scharfen Kontrast zum Text »Familienglück«. Die Ehe der Dudakows ist als ein endloses und schließlich auswegloses Streiten und Sich-Versöhnen gezeigt.

27,28 *Ich bin hier, Inesilja:* So beginnt eine Romanze von Michail I. Glinka nach den Worten von Aleksandr S. Puškin (1834).

39,12–40,11 *»Ewig bedecken … Blume, das Edelweiß.«:* Dieser Text Gor'kijs wurde damals auch vertont und in Konzerten vorgetragen. Gor'kij verwendet hier wohl eigene frühe lyrische Versuche, auf die er jetzt als gescheiterter Lyriker skeptisch zurückblickt.

Zweiter Akt

45,16 *bei euch in Russland:* Dwojetotschije ist seinem Namen nach möglicherweise Ukrainer. Der millionenreiche Kaufmann hat im Stück die Rolle eines kritischen Beobachters. Im Finale tritt er hinter der Ärztin Marja Lwowna zurück; sie ruft zum Aufbruch, dem er sich anschließt. Als Vertreter des praktischen Lebens steht er in Kontrast zu den handlungsunfähigen »Sommergästen«. In diesem Zusammenhang ist seine an volkstümlichen Redewendungen und Sprichwörtern reiche Sprache zu sehen, die deutlich gegen die »Schriftsprache« der anderen Figuren absticht. Ob diese Figur Gor'kijs misslungen ist, ist in der Forschung, seit Anatoli W. Lunačarskij diese Frage aufwarf, umstritten (vgl. Boris Bjalik, *M. Gor'kij – dramaturg*, Moskau 1962, S. 127, contra Ju. Juzovskij, *»Dačniki* M. Gor'kogo«, in: *»Dačniki«. Materialy i issledovanija*, Moskau 1947, S. 46).

51,6 *wie Diokletian Kohl anbauen:* Gaius Aurelius Diocletianus – römischer Kaiser (284–305 n. Chr.), der nach 20 Regierungsjahren als Herrscher freiwillig die Macht abtrat; er zog sich auf seinen Landsitz zurück und begann sich mit dem Gartenbau zu beschäftigen.

51,11 *Bettler:* sind für das Dorfleben der Jahrhundertwende eine gewohnte Erscheinung. Sie betteln mit formelhaften Wendungen. Es ist üblich, sie zu verjagen. Diese Episode gewinnt an Bedeutung, wenn man bedenkt, dass alles sonstige Dorfleben völlig aus der Darstellung ausgespart ist.

51,18 f. *Jetzt heißt es, es gäbe heute einen neuen Leser … Wer ist er?:* In einem Brief an Sergej N. Eleonskij vom 13. oder 14. September 1904 beschreibt Gor'kij diesen »neuen Leser«: »[…] die besten, wertvollsten und – zugleich – aufmerksamsten und strengsten Leser unserer Tage sind der Arbeiter und der demokratisch gesinnte Bauer, die schon lesen können. Dieser Leser sucht im Buch vor allem Antworten auf seine sozialen und moralischen Zweifel. Sein Hauptstreben gilt der Freiheit im weitesten Sinne des Wortes. Ihm wird langsam vieles bewusst, er spürt, dass die Lüge unseres Lebens ihn drückt. Er möchte diese ganze Lüge klar verstehen, um sie abschütteln zu können.«

53,23 f. *Aber sei vorsichtig, Max, ich bitte dich darum!:* Vermutlich hat Michajlovskij recht, wenn er diese Stelle als Andeutung auf die Simin bevorstehende gefährliche revolutionäre Arbeit versteht, die 1904 aus Zensur-Rücksichten nicht klarer formuliert werden durfte (vgl. Boris V. Michajlovskij, *Tvorčestvo M. Gor'kogo i mirovaja literatura*, Moskau 1965, S. 457).

64,7 *Fahrrad:* Fahrräder sind 1904 noch seltene Luxusgegenstände in Russland. Es erhöht die Komik des Erscheinens von Semjonow.

70,31 f. *»Der schon ermattete Tag ... .«:* Duett von Anton G. Rubinštejn (1852) nach Vasilij A. Žukovskij, *Nacht* (1823).

73,17 *Arzt, hilf dir selber!:* im Original kirchenslawisch; nach Lukas 4,23.

77,26 *Pythagoreer:* Anhänger des altgriechischen Gelehrten und Philosophen Pythagoras (um 570 – nach 510 v. Chr.).

Dritter Akt

81,16 *Picknick:* Die Szene mit der getrennten Gruppierung von Männern und Frauen unterstreicht den das ganze Stück in allen Liebeshandlungen durchziehenden Geschlechterkonflikt, der auch thematisiert wird (S. 151; vgl. Henrik Ibsen).

82,6 *Bassow mit armenischem Akzent:* Mit armenischem Akzent russisch zu sprechen, ist hier ein Mittel der Komik.

84,1 *Die du mein teures Mütterchen bist:* russisches lyrisches Volkslied (für Frauenstimme).

98,17 f. *»Auf Erden das ganze Menschengeschlecht ... .«:* Arie des Mephisto aus der Oper *Margarete* von Charles Gounod, nach Goethes *Faust.*

103,2 f. *Wenn du zum Weibe gehst, vergiss die Peitsche nicht ...:* im genauen Wortlaut: »Du gehst zu Frauen? Vergiss die Peitsche nicht!« (Friedrich Nietzsche, *Also sprach Zarathustra,* Stuttgart 1994 [u. ö], Universal-Bibliothek Nr. 7111, S. 68). Gor'kij kannte die ersten russischen Übersetzungen dieses Buches, insbesondere die Übersetzung von Ju. M. Antonovskij, 1898.

108,2 f. *Richte nicht, auf dass du nicht gerichtet werdest:* nach Matthäus 7,1.

Vierter Akt

123,6 *Friede der Unterhaltung:* volkstümliche Redewendung; gebräuchlicher ist: Friede diesem Hause (*mir domu semu*).

123,9 *Heimgekehrt aus fernen Landen:* Anfangszeile der bekannten Fabel *Der Lügner* von Ivan A. Krylov (1812).

123,19 *Ich sah das Meer …:* ungenaues Zitat aus dem Gedicht *Das Meer* (1831) von Aleksandr I. Poležaev.

134,20 f. *Das Leben eines jeden denkenden Menschen ist ein schweres Drama:* Kaleria spricht besonders oft in Aphorismen. Dies ist ein überhaupt bei Gor'kij häufiges Verfahren, das in diesem Stück die Sprache der Intelligenz kennzeichnen soll (vgl. im Gegensatz dazu die volkstümlichen Sprichwörter in der Sprache Dwojetotschijes).

138,15 *Ja, es hat begonnen zu sprechen Bileams …:* Anspielung auf die biblische Legende von Bileams Eselin (4 Mose 22,27 f.): Die Eselin sieht einen Engel, der den Weg versperrt, und bleibt stehen. Als Bileam sie prügelt, rechtfertigt sie sich mit menschlicher Stimme; erst da sieht auch Bileam den Engel und begreift. – Bassows Bemerkung über seine Frau gewinnt also, über die Reaktion der Versammelten als auf eine Peinlichkeit, eine zweite Dimension: Seine Frau scheint ihm selbst zwar dümmer, ist aber in Wirklichkeit klüger als er.

141,13 *Durch des Herbstes Atem aufgestoben …:* Diese Verse sind laut Dmitrij Tschiżewskij (*Russische literarische Parodien*, Wiesbaden 1957, S. 50 f.) eine Parodie auf die Gedichte Konstantin D. Bal'monts (1867–1943), in dessen Schaffen die Naturlyrik einen breiten Raum eingenommen hat (vgl. auch Bjalik [s. Anm. zu 45,16], S. 122 f.]). Innerhalb des Dramas wird die Symbolik der Jahreszeiten hier insofern fortgesetzt, als auf den (S. 131) angekündigten Herbst nun die Darstellung einer melancholischen winterlichen Stimmung, in der jedes Leben erstarrt, folgt. Der Text wurde mehrfach vertont; er wurde in Konzerten unter dem Titel *Schneeflocken* als Romanze oder Melodrama aufgeführt.

142,11 *Versen:* Die Aufeinanderfolge der Verse von Kaleria und Wlas bildet den Höhepunkt der das ganze Stück durchziehenden Kunstdiskussion.

142,14 *Kleine, widerliche Menschlein:* Die Verse von Wlas sind eine scharfe Satire auf die Ideale des Kleinbürgers. Der Figur des Wlas hat Gor'kij autobiographische Züge verliehen (vgl. Bjalik s. Anm. zu. 45,16, S. 123: die Liebesbeziehung zu Marja Lwowna, seine Verse und sein provozierendes Benehmen). Juzovskij verweist darauf (s. Anm. zu 45,16, S. 39), dass der Schauspieler Babočkin in der Leningrader Inszenierung von 1939 diese autobiographischen Züge stark unterstrichen habe. In der sowjetischen Verfilmung spielte der Darsteller des Wlas in Gor'kij-Maske.

Aufführungen von Maksim Gor'kijs *Sommergästen*

(in Russland, der Sowjetunion, Polen und Deutschland)[1]

1904	10. November: Uraufführung im Dramatischen Theater der V. F. Komissarževskaja in Petersburg
	30. November: Riga, Theater K. N. Nezlobins
1905	5. Februar: Kiev, Theater Solovcy
	11. Februar: Ekaterinenburg, Theater Verch-Isetsk
	März: Das Rigaer Theater Nezlobins gastiert in Moskau
	Aufführungen in Rostov am Don, Saratov, Odessa u. a.
1906	Krakau, Polen
1939	5. Januar: Erste sowjetische Aufführung im Staatlichen Großen Dramatischen Theater M. Gor'kij in Leningrad
1952	Riga, Russisches dramatisches Theater der Lettischen Sowjetrepublik
	Tula, Dramatisches Theater M. Gor'kij
	Taškent, Russisches dramatisches Theater M. Gor'kij
	21. Dezember: Deutsche Erstaufführung an den Städtischen Bühnen Magdeburg
1953	12. Februar: Moskauer Staatliches Künstlertheater der UdSSR M. Gor'kij
	11. April: Staatliches Künstlerisches Theater der Litauischen Sowjetrepublik
1959	11. Juli: Deutsches Theater Berlin
1974	22. Dezember: Schaubühne am Halleschen Ufer, Berlin

1 Angaben aus: Sergej S. Danilov, *Gor'kij na scene*, Leningrad/Moskau 1958; *Maxim Gorki in Deutschland. Bibliographie 1899 bis 1965*, zsgest. und annot. von Erwin Czikowsky, Ilse Idzikowski und Gerhard Schwarz, Berlin 1968.

Nachwort

Am 10. November 1904 wird Gor'kijs Drama *Sommergäste* in Petersburg in dem damaligen Theater der Komissarževskaja uraufgeführt. »Die Aufführung der ›Sommergäste‹ war ein Skandal, und ich bin zufrieden. Das Stück ist nicht besonders, aber ich habe getroffen, wohin ich gezielt habe.«[2] Wohin zielt Gor'kij? Schon 1902 schreibt er über die ersten Pläne zu *Sommergäste*[3]: »Ich möchte die moderne ›bourgeoise-materialistische Intelligenz‹, wie Berdjaev[4] sagt, darstellen. Zu gerne möchte ich es ihnen, jedem einzeln nach seinen Verdiensten, mal so richtig zeigen, vor allem auch Berdjaev selbst.«

Das Stück erscheint zu einem Zeitpunkt, als die wirtschaftliche und politische Situation im Land durch den Krieg mit Japan äußerst angespannt ist. Gor'kijs Schilderung der Premiere, die er seiner Frau Ekaterina P. Peškova gibt, zeigt die Erbitterung des Publikums wie des Autors am Vorabend der Revolution von 1905:

> Die erste Vorstellung war der schönste Tag in meinem Leben, das sage ich Dir, meine Freundin! Niemals habe ich bisher in solchem Maße und mit solcher Tiefe erlebt und werde es wohl nie mehr so erleben, über welche Kraft ich verfüge, welche Bedeutung ich im Leben habe. Das erlebte ich in dem Moment, als ich nach dem dritten

2 Gor'kij an A. A. Davil'kovskij am 11. Dezember 1904.

3 Gor'kij an Konstantin P. Pjatnickij am 20. oder 21. Juni 1902.

4 Nikolai A. Berdjaev (1874–1948), russischer Religionsphilosoph, dem Neukantianismus und der Mystik nahestehend, hatte Einfluss auf den russischen Symbolismus.

> Akt direkt an der Rampe stand, ganz ergriffen von stürmischer Freude, und den Kopf nicht senkte vor dem »Publikum«, bereit zu jedem Wahnsinn, wenn nur einer gezischt hätte. Man hat verstanden und nicht gezischt. Nur Applaus und der den Saal verlassende »Mir iskusstva« (›Welt der Kunst‹)[5]. Irgendetwas verteufelt Gutes war in mir und um mich herum, direkt an der Rampe schrie das Publikum mit rasenden Stimmen närrische Worte, die Wangen glühten, die Augen blitzten, irgendjemand schluchzte und schimpfte, man winkte mit Tüchern, ich aber blickte auf sie, suchte nach Feinden und sah nur Sklaven und einige wenige Freunde. »Genosse!, Danke!, Hurra! Weg mit dem Kleinbürgertum!« Erstaunlich schön war das alles. Ich fühlte mich als Tierbändiger, und meine Visage muss wohl ganz schön unverschämt ausgesehen haben.[6]

Diese Uraufführung kurz vor der Revolution von 1905 bestimmte das weitere Schicksal der *Sommergäste* in Rezeption und Wirkung. Nachdem Gor'kij an dem Streik der Arbeiter am 9. Januar 1905 (›Blutsonntag‹) in Petersburg teilgenommen hat, wird er verhaftet und in der Peter-und-Pauls-Festung arretiert. Das Stück wird daraufhin abgesetzt und weitere Aufführungen verboten. Im Herbst wird das Stück auf öffentlichen Druck hin wieder freigegeben.

5 Russische literarische Zeitschrift, 1899 bis 1904 in Petersburg erschienen. Steht dem Symbolismus und der religiösen Erneuerungsbewegung Merežkovskij nahe (vgl. Dmitrij S. Mirskij, *Geschichte der russischen Literatur*, München 1926, S. 377 ff.)

6 Gor'kij an Ekaterina P. Peškova am 12. oder 13. November 1904.

Als das Rigaer Theater im März 1905 mit den *Sommergästen* in Moskau gastiert, wird dies zu einem politischen Ereignis. Der Ruf der spektakulären Uraufführung und die Nachricht von der Verhaftung des Autors gehen allen weiteren Aufführungen jener Jahre voraus. Mehrfach werden die Vorstellungen zu politischen Demonstrationen, wenn Zuschauer Aufrufe verlesen, die zaristische Regierung zu stürzen. Die Rezeption des Stückes in der Kritik ist von heftigen Kontroversen gekennzeichnet.[7] So hatte das Stück einige wenige Jahre lang eine große Wirkung und geriet dann in Vergessenheit; heute ist man geneigt, es für das kritischste Gor'kij'sche Drama jener Jahre zu halten.[8] Die Gesellschaft der 1890er Jahre und der Jahrhundertwende wird in *Sommergäste* zwar schon teilweise satirisch, teilweise jedoch auch noch sehr ausführlich und stimmungsvoll wie bei Čechov gezeichnet. Das Stück ist nicht unbedingt polemischer als die anderen Stücke von Gor'kij, es hatte nur die stärkere Wirkung durch die politische Situation Russlands um 1905. Während der nach 1906 einsetzenden Epoche der Reaktion in Russland werden viel kritischere politische Werke Gor'kijs weniger zur Kenntnis ge-

7 Scharfe Kritik am Drama übt der Regisseur und Kritiker Vladimir Ivanovič Nemirovič-Dančenko, weswegen Gor'kij die geplante Uraufführung durch das Moskauer Künstlertheater absagt. Anatolij Lunačarskij nennt *Sommergäste* »eine wichtige und erfreuliche literarische Erscheinung« und geht näher auf die Darstellung der Intelligenz und die einzelnen Personen ein (Anatolij V. Lunačarskij, »Dačniki«, in: *Sobranie sočinenij v vos'mi tomach*, Moskau 1964, Bd. 2, S. 7–29, hier S. 29).

8 Beispielsweise: *Teatral'naja enciklopedija*, Moskau 1963, Bd. 2, S. 87.

nommen. Aktuell in seiner Thematik ist das Stück jedoch bis heute und in seiner interessanten Mischung von lyrischen, tragischen und komisch-satirischen Elementen noch viel zu wenig zur Kenntnis genommen worden.

Entstehungsgeschichte

Die Entstehungsgeschichte der *Sommergäste* reicht von 1899 bis 1904. Dank der Tatsache, dass die Handschriften aller vier Bearbeitungen des Stückes erhalten geblieben sind, vermag diese Entstehungsgeschichte die politische und künstlerische Entwicklung des Autors in diesen für ihn sehr wichtigen Jahren zu zeigen und ist daher auch bereits Gegenstand umfänglicher Untersuchungen geworden.[9] Eine Zäsur nach dem Gor'kij'schen Frühwerk der 1890er Jahre zu setzen, das hauptsächlich durch die Erzählungen geprägt ist, ist schwierig.[10] Sie zeichnet sich um die Jahrhundertwende ab. Als Gor'kij 1898 zum ersten Mal in Petersburg ist, hat er noch keinen klar ausgeprägten politischen Standpunkt. In den folgenden Jahren bemüht er sich intensiv darum. Meist wird das Jahr 1905 mit den eindeutig

9 Vasilij Novikov, *Tvorčeskaja laboratorija Gor'kogo-dramaturga*, Moskau 1965 (Kap. 1: »Zamysel i ego voploščenie [*Dačniki*]«, S. 12–125), und, in manchen Punkten anderer Meinung, L. P. Kočetova, »Rabota M. Gor'kogo nad tekstom p'esy *Dačniki*«, in: *Gor'kovskie čtenija 1953–1957*, Moskau 1959, S. 262–313). Zuvor schon Sergej Baluchatyj, »Iz istorii teksta p'es Gor'kogo«, in: *Poetika*, V, Leningrad 1929, S. 146–153).

10 Vgl. Helene Imendörffer, »Nachwort«, in: Maxim Gorki, *Der Vagabund und andere Erzählungen*, München 1974, S. 701.

engagierten Werken *Die Mutter* und *Die Feinde* als Einschnitt gesehen. Die Entstehungsgeschichte des Stückes *Sommergäste* zeigt, dass nicht erst die Revolution von 1905 Gor'kij zu politischem Bewusstsein verholfen hat, sondern dass sich diese Entwicklung über Jahre hin vollzog.

Der erste Ansatzpunkt zum Stück ist interessanterweise die Bezeichnung ›Sommergäste‹. Zunächst kündigt Gor'kij eine Erzählung, später Skizzen unter diesem Titel an. In der ersten Fassung des Stückes von 1901 will Gor'kij das »Leben der Intelligenz« als kleinbürgerlich und ohne jedes Ideal zeigen. Ihnen soll ein »Held mit einem Ideal« an der Seite der »demokratischen« Heldin Warwara Michailowna entgegentreten. In den ersten beiden Fassungen des Stücks spielt jedoch der familiäre Konflikt der Bassows und die Intrige Bassows in einem Fall Lapin eine zentrale Rolle. Zugunsten einer breiteren Darstellung der Intelligenz (»32 handelnde Personen, eine ganze Gouvernementstadt in Gestalt seiner Intelligenz«) gibt Gor'kij das psychologische Familiendrama immer mehr auf, das noch in den *Kleinbürgern* von 1902 den Aufbau des Stückes bestimmt hatte. In dem Maße, wie die gesellschaftlichen Ursachen des Familiendramas in den Blick kommen, werden die Handlungselemente wie ein Bündel loser Enden nebeneinandergestellt. In der dritten Fassung des Stücks taucht der Monolog der Marja Lwowna im vierten Akt auf, den Gor'kij später als Höhepunkt des ganzen Dramas betrachten wird.[11] Jetzt hat sich Gor'kij seinen Standpunkt zur Frage der Intelligenz erarbeitet. Marja Lwowna tritt im Namen der demokrati-

11 Brief an Max Reinhardt, Dezember 1904, in: Maksim Gor'kij, *Sobranie sočinenij v tridcati tomach*, Moskau 1954, Bd. 28, S. 344 f.

schen fortschrittlichen Intelligenz, die sich nicht mehr mit Reformen zufriedengibt, auf. Eine Parteizugehörigkeit der Heldin ist nicht genannt, vermutlich aus Rücksicht auf die Zensur (»Sie sind da irgendwo mit etwas Geheimnisvollem beschäftigt … vielleicht mit etwas Großem, Historischem«, S. 144).

Die russische Intelligenz als ›Sommergäste‹ auf dem Lande

Ende des 19. Jahrhunderts beginnen die städtische Intelligenz und das Bürgertum sich Sommerhäuser (Datscha) auf dem Lande zu bauen. Der russische Bauer, der bisher nur den Gutsbesitzer als Herren kannte, wird nun mit einem Städter konfrontiert, den er als untätig und lästig erlebt. In Čechovs Erzählung *Das neue Sommerhaus* (1899) wird deren Lebensweise aus der Sicht des Kutschers so charakterisiert: »Auf dem neuen Gut, erzählte er [der Kutscher], wird man nicht pflügen, nicht säen, man wird nur zu seinem Vergnügen leben, man wird nur dort leben, um frische Luft zu atmen.«[12] Gor'kij greift dieses Problem der Beziehung der städtischen Intelligenz zum Volk in seinem symbolischen Titel *Sommergäste* auf.

Er beginnt die Arbeit an dem Stück 1901 auf einer Datscha in der Nähe seiner Geburtsstadt Nižnij Novgorod (Nischni Nowgorod). Seine Frau Ekaterina P. Peškova berichtet in ihren Erinnerungen:

12 Anton P. Čechov, *Novaja dača*, in: *Polnoe sobranie sočinenij v tridcati tomach*, Moskau 1948, Bd. 9, S. 329.

> Aleksej Maksimovič gefiel der Nadelwald sehr gut, der hinter dem Häuschen begann. Deswegen wurde die Datscha auch gemietet. Die überall herumliegenden Papierfetzen, Konservendosen und übriger Müll, die von den vorjährigen Bewohnern der Datscha zurückgeblieben waren, ärgerten ihn aber sehr. »Der Sommergast ist der nutzloseste und sogar ein schädlicher Mensch auf Erden, kommt auf die Datscha, macht Schmutz und fährt wieder weg«, sagte Aleksej Maksimovič gereizt, als wir uns an eine Reinigung rund um das ganze Haus machten.[13]

Diese Darstellung der Sommerhausbewohner wird in dem Drama den Wächtern Kropilkin und Pustobaika in den Mund gelegt (S. 42 f., 115, 153). Diese beiden Figuren sind neben dem Dienstmädchen Sascha die einzigen Vertreter des Volkes und haben in dem Stück die wichtige Funktion der Shakespeare'schen Totengräber. Der niedere Stand entlarvt den höheren. Die Wächter in den *Sommergästen* haben wie die über den Sinn des Todes philosophierenden Totengräber im *Hamlet* komödiantische Züge, insofern sie Namen mit komischer Bedeutung tragen und eine einfache

13 Wie *Varen'ka Olesova* (1898) zeigt, kann es sich hierbei aber nicht um den frühesten Beleg zur Idee der Schmutz hinterlassenden Sommergäste handeln. Wichtiger ist die Erwähnung des Waldes, der als ein Stück Natur im Drama selbst zum Thema wird (S. 36, 107). Im ersten Akt ist der Wald bereits in den Ort der Handlung einbezogen S. 18, 22, 25, 36); im zweiten, dritten und vierten Akt beherrscht er die Szenerie. Die Sommergäste halten sich in ihren Sommerhäusern oder in der freien Natur, aber nicht etwa im Dorf auf.

Umgangssprache (*prostorečie*) sprechen. Ihre Kritik an den handelnden Personen als »Sommergästen« ist verbunden mit dem Motiv der Liebhaberaufführung, die als »Metapher des Themas ›Betrug‹«[14] das ganze Stück durchzieht. Hier wird nicht nur das Theater als Theater entlarvt, hier werden aus der Sicht des Volkes die Intelligenzler als Nichtstuer und Komödianten entlarvt (S. 43). Warwara Michailowna, Bassows Frau, wird dann im vierten Akt die programmatische Erklärung über eine Intelligenz, die in ihrem eigenen Lande nur zugereist, nur Sommergast ist, in den Mund gelegt (S. 136).

Das Wort ›Sommergäste‹ (*dačniki*) gab es schon vor diesem Stück. Seine negative Bedeutung, die es heute im russischen Sprachgebrauch hat, wird mit diesem Drama zum Begriff geprägt. Das Wort bezeichnet die städtische Intelligenz, die über genügend Mittel verfügt, um sich ein Sommerhaus mieten zu können. Besitztum ist allerdings damit nicht verbunden. Die leicht abschätzige Färbung beinhaltet, dass diese Sommergäste nicht an dem Leben auf dem Lande, sondern nur an der Natur als einem Ort für Entspannung und Picknicks interessiert sind, dass sie viel reden und wenig tun. Bereits in der Erzählung *Varen'ka Olesova* (1898) tauchen die ›Sommergäste‹ und die Frage der Beziehung der Intelligenz zum Dorf auf. Schon hier ist die Rede von der »anderen«, fortschrittlichen Intelligenz. Auch das Bild von dem Kehricht, den die Sommergäste auf dem Lande hinterlassen, formuliert Gor'kij bereits hier, weswegen wir diesen Beleg den frühesten zur Ent-

14 Ju. Juzovskij, »*Dačniki*‹ M. Gor'kogo«, in: »*Dačniki*«. *Materialy i issledovanija*, Moskau 1947, S. 49.

stehungsgeschichte und seine eigentliche Keimzelle nennen möchten.[15]

15 »[Jelisaweta Sergejewna:] ›Steht übrigens das Land in der Gunst der jungen Welt? Oder blickt man mit Verachtung darauf herab?‹ [Ippolit Sergejewitsch:] ›Ja, allmählich beginnt die Enttäuschung.‹ ›Diese Erscheinung ist für unsere intelligenten Kreise sehr charakteristisch‹, bemerkte Benkowskij lächelnd. ›Als zu diesem Kreise zum größten Teil Adlige zählten, machte sie sich noch nicht geltend. Jetzt aber, wo jeder Krämer-, Kaufmanns- oder Beamtensohn, der zwei oder drei populäre Bücher gelesen hat, sich schon als einen intelligenten Menschen betrachtet – *kann das Land das Interesse der Intelligenz nicht mehr erregen.* Kennen diese Leute denn das Land? Kann es denn für sie etwas anderes sein als ein Ort, wo man den Sommer angenehm verbringt? Für sie ist das Land nur ein Sommeraufenthalt ... und überhaupt sind sie ihrem Wesen nach *Sommergäste. Sie erscheinen, verbringen einige Wochen und verschwinden wieder – und hinterlassen Papierfetzen, Bruchstücke und Scherben, die üblichen Spuren ihres Aufenthaltes.* Nach ihnen aber werden andere kommen, die diesen *Kehricht* und mit ihm auch die Erinnerung an die Intelligenz der seelen- und kraftlosen elenden *Gesellschaft der neunziger Jahre* aus der Welt schaffen.‹ ›Diese *anderen* – sind das etwa die restaurierten Edelleute?‹, fragte Ippolit Sergejewitsch und kniff die Augen zusammen. ›Sie haben mich, wie es scheint, verstanden ... das ist nicht schmeichelhaft für Sie, verzeihen Sie!‹, äußerte Benkowskij errötend. ›Ich habe nur gefragt, wer *diese Zukünftigen* sind!‹ ›Das junge Land! Das reformierte Geschlecht ... Menschen sind es, die auch jetzt schon menschliche Würde besitzen, die nach Wissen dürsten, die forschen und stark sind und bereit hervorzutreten.‹« (*Warenka Olessowa*, in: Maxim Gorki, *Konowalow und andere Erzählungen*, München 1973, S. 289–390, S. 338; Hervorhebungen von Helene Imendörffer).

Die russische Intelligenz

Der Titel des Stücks thematisiert nicht nur die Frage der Intelligenz, sondern in dem Bild der Sommerhausbewohner die Beziehung zwischen Volk, das 1890 zu mehr als drei Vierteln aus Bauern bestand, und städtischer Intelligenz. Mit seiner Darstellung der Intelligenz, die sich in zwei Lager spaltet, lehnt Gor'kij sich an Lenins Auffassung an. Er greift damit, wie die Resonanz auf die Uraufführung zeigt, ein heikles und aktuelles Thema auf.

Der russische Begriff »Intelligenzija« wurde in den 1860er Jahren geprägt (zuerst nachgewiesen bei dem Schriftsteller Pjotr D. Boborykin). Bezeichnend für die weitere Entwicklung ist die Tatsache, dass in den 1860er und 1870er Jahren »die russischen Revolutionäre durchweg der ›Intelligenzija‹ entstammen«.[16] In der Mitte der 1880er Jahre umfasst der Begriff die »Gesamtheit der nach sozialem Fortschritt strebenden Kräfte Rußlands«. In den Kontroversen der folgenden Jahre um die politische Zukunft Russlands hat die Frage nach der Rolle der Intelligenz besondere Bedeutung. Lenin nimmt vor allem Stellung zum Problem des Klassencharakters der Intelligenz. Er bestreitet, dass die Intelligenz eine selbständige Klasse sei oder keiner Klasse angehöre, und wendet sich damit gegen legale Marxisten (wie Gustav Struve) und Narodniki (›Volkstümler‹ wie Pjotr L. Lavrov und Nikolaj K. Michajlovskij). Nach Lenin ist die Intelligenz jeweils entweder der Bourgeoisie, dem Kleinbürgertum oder dem Proletariat zuzuordnen.

16 Otto Wilhelm Müller, *Intelligencija. Untersuchungen zur Geschichte eines politischen Schlagworts*, Frankfurt a. M. 1971, S. 326.

Gor'kij folgt dieser Unterteilung der »zwei Kulturen«, wenn er die Intelligenz in zwei Lagern zeigt, die im Fortgang des Stückes sich immer deutlicher voneinander lösen. Wichtig ist in diesem Zusammenhang die Herkunft der Helden, z. B. Bassows aus dem Kleinbürgertum (S. 119) und seiner Frau Warwara Michailowna aus dem Proletariat (S. 83). Der eine Teil der Figuren wird als kleinbürgerlich und der Bourgeoisie nahestehend, der andere Teil als fortschrittlich und entweder dem Proletariat entstammend oder sich ihm zuwendend geschildert: »Wir Kinder von Wäscherinnen, Köchinnen, von gesunden Arbeitern müssen anders sein!« (Rede der Marja Lwowna, S. 139).

Gegen Vertreter des Liberalismus, die sich den Sozialrevolutionären nicht anzuschließen vermögen, polemisiert Gor'kij, wenn er in der Rede Suslows Zitate aus liberalen Zeitungen verarbeitet. In dieser Rede (S. 143 f.) wird der Liberalismus als kleinbürgerlich entlarvt. In Berichten von der Uraufführung des Stückes heißt es, dass das bürgerliche Publikum über diese Rede am meisten erbost gewesen sei.

Das Thema der Intelligenz hat Gor'kij noch mehrfach behandelt. Die beiden Dramen *Die Kinder der Sonne* (Frage der Kunst und Wissenschaft) und *Barbaren* (Frage der technischen Intelligenz) von 1905 schließen eng an *Sommergäste* an. Sein letztes Werk, der vierbändige, unvollendet gebliebene Roman *Das Leben des Klim Samgin* (1927–36), ist diesem Thema über einen historischen Zeitraum von 40 Jahren vor der Oktoberrevolution gewidmet. In den 1930er Jahren verfasst Gor'kij den Aufsatz *Mit wem seid ihr, Meister der Kultur?*

Im Dezember 1904 schreibt Gor'kij einen Brief an Max Reinhardt, der eine Aufführung der *Sommergäste* erwägt.

Gor'kij bezweifelt, dass sich das deutsche Publikum für dieses Stück interessieren würde – das Publikum, das nur zwei Jahre zuvor das *Nachtasyl* mit Begeisterung aufgenommen hatte. Gor'kij hebt einen Gedanken hervor, den wir bei vielen Autoren des 19. Jahrhunderts vorfinden, den Gedanken von der Eigenart der russischen Intelligenz und ihren Problemen im Unterschied zur europäischen:

> Das ist allzu sehr nur unsere, rein russische »Familienangelegenheit«, und ich würde mich nicht wundern, wenn Ihnen das Drama langweilig und leer erscheint.
> Dennoch will ich einige Worte sagen, um Ihnen das Verständnis des Lebens, das ich in dem Drama darstellen wollte, zu erleichtern.
> Ich wollte jenen Teil der russischen Intelligenz darstellen, der demokratischen Schichten entstammt und, nachdem er eine bestimmte Höhe der sozialen Stellung erreicht hat, die Verbindung zum Volk, das ihm blutsverwandt ist, verloren und die Interessen des Volkes, die Notwendigkeit, sein Leben zu erweitern, vergessen hat. Dieser Teil der Intelligenz hat noch keine geistige Verwandtschaft mit der Bourgeoisie und der bürokratischen Gesellschaft gefunden, an die er rein mechanisch anschließt, mit der er aber noch nicht zu einem Ganzen als einer Klasse, die ihre Aufgaben, ihre Lebenseinstellung hat, verschmilzt.

Die geringe Zahl von Aufführungen der *Sommergäste* in Deutschland zeigt, dass Gor'kij mit seiner Befürchtung da unrecht hat, wo die Inszenierung darauf achtet, vom spezifisch russischen und spezifisch historischen Kolorit des

Stückes abzusehen und dafür mehr die Problematik der politischen Aufgabe und die Rolle der Intelligenz und der Kunst bzw. Literatur herauszuarbeiten.[17] Unter diesem Aspekt erweist sich das Stück heute wieder als besonders aktuell.

Auseinandersetzung mit den Symbolisten um die Aufgaben der Kunst

In den *Sommergästen* nimmt die Diskussion um die Aufgabe des Schriftstellers einen breiten Raum ein. Der Schriftsteller Schalimow stand in den frühen Fassungen des Stückes mit unlauteren Machenschaften um das Erbe seiner Frau noch stärker im Zentrum. Seine Rolle für den Aufbau des Stückes hat er insofern behalten, als das Warten auf seine Ankunft den ersten Akt bestimmt und in einer Art Höhepunkt abschließt. Dieser Höhepunkt ist satirisch gefärbt durch die Regieanweisung, dass Schalimow glatzköpfig sei, nachdem Warwara Michailowna vorher in ihren schwärmerischen Jugenderinnerungen sein dichtes Haar (S. 17) besonders erwähnt hatte. Der Enttäuschung Warwara Michailownas über Schalimow entspricht die bescheidene Rolle, die er im weiteren Verlauf des Stückes spielt. Als Schriftsteller ist Schalimow in der Krise, er weiß um den »neuen Leser«, dem er nichts mehr zu sagen hat.

17 Die späte deutsche Erstaufführung in Magdeburg im Jahre 1952 wurde in der Presse überwiegend als Misserfolg bezeichnet. Einen Erfolg dieses Stückes in Deutschland brachten erst die Aufführungen am Deutschen Theater Berlin (1959) und in der Schaubühne am Halleschen Ufer Berlin (1974).

Mit der Figur der Kaleria, die im Gegensatz zu Schalimow den Aufgaben des Lebens offen ausweicht, polemisiert Gor'kij gegen den russischen Symbolismus mit dessen »dunklen« lyrischen Werken, der Nähe zur Religion und dem Idealismus, mit seiner politischen Indifferenz, die später meist zu einer offenen Ablehnung der Oktoberrevolution wird. Die Auseinandersetzung zwischen Realismus und Modernismus bestimmt die ganze Epoche zwischen 1880 und 1934.[18] Gor'kij als der Kopf der Realisten (des Kreises um die Zeitschrift und den Verlag Znanie [›Wissen‹] oder auch der Gor'kij-Andrejev-Schule) hatte sich schon in den 1890er Jahren für die Werke der Symbolisten interessiert. Nach kurzer Begeisterung äußerte sich Gor'kij allerdings schon 1896 während seiner journalistischen Tätigkeit in Nižnij Novgorod sehr skeptisch über neu erschienene Werke der Symbolisten:

> Im Leben gibt es genug Unverständliches und Nebliges, Krankhaftes und Schweres auch ohne die Fabrikate der Firma Vrubel', Bal'mont, Gippius & Co. Das Leben verlangt nach Licht und Klarheit und braucht die nebligen und unschönen Bilder und nervlich kranken Verse, die jeder soziologischen Bedeutung entbehren und unermesslich weit von der wahren Kunst entfernt sind, nicht im Geringsten.[19]

18 Siehe auch Rolf-Dieter Kluge, *Vom kritischen zum sozialistischen Realismus*, München 1973.

19 Maksim Gor'kij, *Beglye zametki*, in: *Sobranie sočinenij v tridcati tomach*, Moskau 1953, Bd. 23, S. 139–187, hier S. 182.

Gor'kijs erster Aufenthalt in Petersburg im Jahre 1898 brachte auch die Begegnung mit den geistigen Führern des Symbolismus, mit Dmitrij S. Merežkovskij und seinem Kreis. Gor'kij zeigt sich enttäuscht. Die Abgrenzung erfolgt in den folgenden Jahren immer deutlicher mit der zunehmenden Klärung und Festigung der ideologischen und poetologischen Position auf beiden Seiten. In den *Sommergästen* parodiert Gor'kij offen die Lyrik der führenden Vertreter des Symbolismus Konstantin D. Bal'mont (1867–1942) und Zinaida Gippius (1869–1945). Die Symbolisten nehmen den Fehdehandschuh auf, wenn sie nach dem Erscheinen der Werke *Die Feinde* (1906) und *Die Mutter* (1907) das Ende Gor'kijs als Schriftsteller, der in die Politik und damit in die reine Didaktik abwandert, proklamieren.

Die Krise des Dramas um die Jahrhundertwende

In seinen Dramen schließt Gor'kij an Čechov an, mit dem er in Briefwechsel und persönlichem Kontakt steht, den er sehr bewundert und den er kritisiert. In der unmittelbaren Nachfolge seines erklärten Vorbildes steht Gor'kij nicht nur durch die Behandlung des Themas der Intelligenz, sondern auch dadurch, dass er die Krise des Dramas um die Jahrhundertwende spiegelt. Diese Krise der Gattung ist als das Eindringen epischer Elemente beschrieben worden.[20] Die wesentlichen Elemente des klassischen Dramas, die drei Ein-

20 Peter Szondi, *Theorie des modernen Dramas (1880–1950)*, Frankfurt a. M. 1956, S. 13.

heiten und das Primat des Dialogs befinden sich in einem Umbruch.

Im Text der *Sommergäste* fallen die mit Auslassungspunkten endenden Sätze auf. Es handelt sich dabei nur teilweise um unvollständige Sätze, immer aber um den Verweis auf ein generelles Nicht-zu-Ende-Sprechen. Der Dialog kann nur noch in Fragmenten wiedergegeben werden, vieles bleibt unausgesprochen. So scheint es folgerichtig, dass die meisten Szenen offen beginnen und offen enden. Die Handlungen verlaufen oft parallel und werden gleichsam nur ausschnittweise gezeigt, häufig sind sie bedeutungslos. Die Entstehungsgeschichte des Stückes zeigt, dass Gor'kij die Elemente traditioneller Handlung immer mehr zurückdrängte. Der Familienkonflikt ist nur noch kurz angeschnitten, ebenso die verschiedenen Liebesbeziehungen. Jede dieser Handlungen geht nur in einem Ausschnitt in das Stück ein (Warwara Michailowna und Rjumin, Marja Lwowna und Wlas, Julia Filippowna und Samyslow, die Dudakows, Warwara Michailowna und Schalimow). Mit der Beziehung zwischen Warwara Michailowna und Schalimow ist das traditionelle Motiv (vgl. Goethes *Tasso*) von Dichter und Herrin angeschnitten. Hier erweisen sich beide als unfähig zum Schreiben, Leben und Lieben. Die erfolglosen Verführungsversuche Schalimows bei Warwara Michailowna können als Parodie bezeichnet werden. Auch der Selbstmordversuch Rjumins ist keine tragische Handlung, sondern nur deren Ironisierung. Als das ganze Stück begleitende Parodie des Dramas kann die Hintergrundhandlung der nicht zustande kommenden Probe für die Liebhaberaufführung bezeichnet werden. Als diese Theaterprobe nach Verspätungen und Verwechslungen am Ende des zweiten Aktes beginnen soll, senkt sich der Vorhang.

Gewahrt sind die Einheit des Ortes und der Zeit. Sie werden entwertet und in Frage gestellt durch den Aufbruch der ›Helden‹ am Schluss des Stückes. Diese reisen nicht nur ab von diesem Ort, an dem sie sich ohnehin vorübergehend aufhielten, der nur ein Platz zum Ausruhen für den Sommer war, sie brechen in die Zukunft auf, die noch unrealistische, utopische Züge trägt. Das Motiv des Weggehens, die nie stattfindende Reise nach Moskau, kennen wir aus den Dramen Čechovs (*Drei Schwestern*, 1901)[21].

Der Vergleich zeigt, dass sich bei Gor'kij bereits eine Gruppe von Menschen zusammenschließt und damit die Vereinzelung überwindet. Diese Gruppe bricht wirklich auf. Am Vorabend der Revolution konnte wohl nur der Aufbruch, aber noch nicht der neue Lebens- und Wirkungskreis gezeigt werden. Daher trägt dieser Aufbruch noch utopische Züge, die sich erst dem späteren Betrachter aus der historischen Perspcktive als der letztlich zur Revolution führende Weg erschließen.

Was tritt nun an neuen Elementen an die Stelle des klassischen Dramas? Gor'kijs Beitrag zur Entwicklung des russischen Dramas liegt in seiner Schaffung der neuen Helden. In den *Sommergästen* sind diese neuen Helden in ihrem Ablösungsprozess gezeigt. Noch können wir keine der Figuren ›positiv‹ nennen. Keine von ihnen steht eindeutig im Mittelpunkt, Marja Lwowna und Warwara Michailowna sind die Protagonistinnen, deren persönliches Leben noch voller Konflikte und Widersprüche ist. Wir müssen eher

21 Vgl. Boris Bjalik, *M. Gor'kij – dramaturg*, Moskau 1962, S. 117.

von Gruppen von handelnden Personen sprechen, die zu Anfang des Stückes nach ihren persönlichen Beziehungen, im dritten Akt nach der Welt der Männer und Frauen (Picknick) und im vierten Akt nach ihrer ideologisch-weltanschaulichen Position gruppiert sind. Wo Handlung in eine Vielfalt von Handlungen aufgesplittert wird und nicht mehr trägt, wird die Bewegung des Stückes durch die Entwicklung des sozialpolitischen Konfliktes getragen. Das Moment der Evolution spielt dabei eine große Rolle. Fast alle Figuren haben eine Vorgeschichte, die weit hinter den Handlungsrahmen des Stückes zurückreicht. Das Stück ist zu Recht häufig mit Čechov verglichen und in diesem Sinne als »undramatisch« bezeichnet worden. Die Entwicklung des ideologischen Konflikts und das Aufweisen des Weges aus der Čechov'schen Stagnation unterscheiden jedoch Gor'kij schon deutlich von seinem Vorläufer.

Die sowjetische Forschung hat sich ausgiebig mit den *Sommergästen* beschäftigt. Allerdings überwiegt bis heute eine Ausrichtung, die mit der Wirkung und Rezeption des Stückes in den Jahren 1904 und 1905 einsetzt. Man wendet sich stärker dem sozialen und politischen Gehalt als den Problemen der Form und der Frage der Inszenierung des Dramas zu.[22] Doch auch dafür bietet dieses Stück reichhaltiges Material.

Helene Imendörffer

22 Darauf verweist auch Sergej S. Danilov, *Gor'kij na scene*, Leningrad/Moskau 1958, S. 55.

Inhalt

Sommergäste 5

Zu dieser Ausgabe 161
Anmerkungen 162
Aufführungen von Maksim Gor'kijs *Sommergästen* 168
Nachwort 169